KB260790

〈베트남 13년 차 공인중개사가 들려주는 이민 · 투자 · 사업 이야기〉

베트남, 아직 늦지 않았다!

1판 1쇄 발행 | 2020년 11월 11일

지 은 이 | 김효성
펴 낸 이 | 이성범
펴 낸 곳 | 도서출판 타래
교정 · 교열 | 박진영
표지디자인 | 김인수
본문디자인 | 권정숙

주소 | 서울특별시 영등포구 양평로30길 14, 911호(세종앤까뮤스퀘어)
전화 | (02)2277-9684~5 / 팩스 | (02)323-9686
전자우편 | taraepub@nate.com
출판등록 | 제2012-000232호

ISBN 978-89-8250-130-2 (13320)

베트남에서 미래를 꿈꾼다

블루 오션 베트남

Blue Ocean VIETNAM

마직 늦지 않았다

김효성 지음

도서출판 **타래**

날로 심해지는 취업난과 경제위기로 이민을 생각하는 사람들이 늘고 있다. 여기서 독자들에게 질문하고 싶다. "왜 한국이어야만 하나요? 한국이 아니면 살 수 없나요?" 지리적 특성 때문인지 유독 우리나라 안에서 해결하려는 경향이 강하다. 더 크고 넓은 세계가 눈앞에 펼쳐져 있는데도 사람들은 이를 외면하고 한국의 치열한 경쟁구조 안에서 살아남기 위해 오늘도 발버둥치고 있다. 한국사회에서 노력만으로 성공한다는 이야기는 더이상 통하지 않는다. 그만큼 자신의 가치를 빛낼 기회가 줄고 있는 것이 아닐까?

나는 베트남에서 희망을 그리고 미래를 보고 있다. 한국에서의 팍팍한 삶이 아닌, 진정한 즐거움과 느긋한 인생을 즐길 수 있는 곳이다. 베트남에서 살아온 13년 동안 별 불편 없이 가족과 행복한 시간을 보내고 있다. 한국에 있었다면 어땠을지 가끔 생각해본다. 아마도 무한경쟁과 주변의 시선 속에서 피곤한 삶을 살고 있을 것이다.

흔히 '동남아'라고 하면 적은 돈으로 손쉽게 자리잡고 살 수 있는 곳으로 생각한다. 분명히 말하지만 그것은 큰 착각이다. 사람들이 모여 살면 자유경쟁은 자연스레 일어나기 마련이다. 그럼에도 베트남에는 아직 기회가 있다. 한국 사회가 혼자 힘만으로 일어서

기 어려운 사회라면 베트남은 여전히 노력하는 자에게 기회가 있는 나라다.

나는 베트남에 거주하면서 느꼈던 점을 최대한 솔직히 털어놓고 싶어 펜을 들었다. 그리고 많은 사람이 더 열린 마음으로 베트남을 생각하고 받아들이길 바란다. "베트남에는 1억 원만 가져가면 평생 먹고 사는 거 아녜요?"라는 터무니없는 질문도 많이 받았다. 베트남에 대해 제대로 아는 사람이라면 이렇게 덧없는 질문은 하지 않을 것이다. 베트남은 경제성장은 물론 문화와 생활의 질적 향상을 보이고 있다. 불과 10년 전에는 1억 원으로 생활할 수 있었을지도 모르지만 현재 베트남은 너무나 많이 변화했다. 생활수준 향상으로 교육 환경이 달라졌고 국제학교가 생기면서 사교육 시장도 급속도로 발전하고 있다. 과거 거미줄 같던 교통망은 인프라가 갖추어지면서 정돈되고 있다.

이 책에서 베트남의 과거와 현재, 미래에 대한 내 생각을 전달하고자 한다. 단순히 "편안한 삶이 기다리니 서둘러야 합니다"라고 말하지는 않겠다. 13년 동안 살면서 보고 느낀 베트남의 전반적인 부분에 대해 누구보다 솔직한 이야기를 들려주고자 한다.

CONTENTS 

Chapter 04

자녀 교육을 위해
베트남을 찾는 사람들

Chapter 05

범죄 예방 및 대처

 베트남에 정착한 이민자 이야기 No. 3 _ 127

빈손으로 도착한 호치민

처음 베트남에 정착한 우리 가족은 작은 식당을 열고 그 위에 단칸 방에서 네 식구가 함께 몸을 뉘었다. 어느 나라를 가든지 마찬가지 겠지만 가장 중요한 것은 역시 언어였다.

VIETNAM

Chapter 01

빈손으로 도착한 호치민

2008년 4월, 호치민 공항에 첫 발을 디뎠다. 군 제대 후 며칠 지나지 않았을 때였다. 우리 가족은 내 군 복무 중에 베트남 이민길에 올랐다. 힘든 한국생활을 청산하고 내린 결정이었다.

군에 면회 한 번 오지 못한 가족과 만나 며칠 동안 자리를 잡을 때까지 힘들었던 생활에 대해 들을 수 있었다. 베트남어 한 마디 못했던 우리 가족은 냄비를 어디서 사야 하는지, 반찬은 어디서 사야 하는지조차 몰랐다고 했다. 그리고 3일 만에 밥을 지어 김치와 먹는데 눈물까지 흘렸다니 당시 상황을 충분히 이해할 만했다.

처음 베트남에 정착한 우리 가족은 작은 식당을 열고 그 위에 단칸방에서 네 식구가 함께 몸을 뉘었다. 어느 나라를 가든지 마찬가지

겠지만 가장 중요한 것은 언어라고 나는 생각한다. 가정형편이 넉넉치 않아 베트남어 과외는 받을 수 없었다. 내가 태권도 선수 경력을 살려 주변에 베트남인이 운영하는 도장을 찾아가 무보수로 일하겠다고 했다. 태권도 종주국에서 온 나를 쓰지 않을 이유가 없었다. 태권도장에서 베트남어는 빠르게 늘기 시작했다. 같은 단어를 반복 사용했고 아이, 어른들과 대화하며 다양한 언어 스킬을 늘려 나갈 수 있었다. 베트남어를 더 빨리 배우고 싶어 현지인들과 어울리기 시작했다. 하수구 냄새가 나는 곳에 앉아 공계란, 전갈, 개구리, 자라 등을 먹으며 그들의 현실 속으로 들어가려고 노력했다. 그럼에도 절대로 먹을 엄두가 안 나는 것이 있었다. 쥐였다. 식용으로 키운 큼지막한 쥐는 보기에도 혐오스러워 선뜻 손이 안 갔다. 나는 뒷걸음질치며 온몸으로 쥐고기를 거부했다. 그 모습을 보고 베트남 사람들이 나를 얼마나 한심하게 쳐다보며 웃었는지 모른다. 쥐를 무서워한다는 소문이 체육관에 퍼지자 사람들은 나를 만만히 보기 시작했다. 옆에서 툭툭 건드리고 알아듣지도 못하는 말로 놀리기 시작했다. 그러던 중 기회가 찾아왔다. 태권도 대련이 있던 날, 사범인 나와 대련할 사람이 있으면 나오라고 했다. 나를 우습게 생각했는지 몇 명이 대련을 하겠다고 나섰다. 아주 본때를 보여줄 결심을 하고 그들을 마구 두들겼다. 속으로 얼마나 통쾌하던지 이루 말할 수 없었다. 그날부터 놀림은 잦아들었고 그들과 더 친밀한 생활을 이어 나가게 되었다.

베트남어를 어느 정도 익히고 호치민대학에 입학했다. 입학 후 많은 것이 바뀌었다. 베트남어-한국어 통역을 하며 통역요원으로 용돈을 벌기 시작했고 아르바이트로 부동산 일도 할 수 있게 되었다. 대학

시절의 부동산 아르바이트가 오늘날의 나를 만들었다고 해도 과언이 아니다. 대학 졸업 후 첫 직장은 부동산 쪽이 아니었다. 졸업 후 카메라 모듈 생산업체에 취업해 중국에서 근무하게 되었지만 알게 된 현지 비리들을 사장에게 고발하면서 회사를 그만두게 되었다. 회사는 뒷돈을 받고 직원을 채용해주고 있었다. 당시는 가정도 자녀도 없는 상황이어서 용감하게 전면에 나설 수 있었다. 주변의 부추김에 호기롭게 회사 비리를 폭로했고 결국 베트남으로 다시 돌아와 통역원 업무부터 화장품 사업까지 다양한 일을 했지만 자리를 잡는 것은 쉽지 않았다. 베트남으로 돌아간 후에는 이미 가정도 꾸리고 아들도 있어서 무슨 수를 써서라도 생활비를 벌어야만 했다. 그러던 중 기회가 찾아왔다. 2015년 7월 베트남 정부가 외국인들에게 부동산 구입을 허용하면서 과거의 부동산 업무 경력을 활용할 수 있게 된 것이다. 당시 한국인이면서 베트남어에 능통한 직원은 회사에서 나뿐이었다. 베트남 부동산 시장이 열렸다는 소식에 한국인들이 투자하기 위해 모여들기 시작했고 하루에도 여러 건의 계약이 성사되었다. 능력보다는 때를 잘 만난 행운이었다. 회장은 내 능력을 높이 평가해 한국인 사장 자리에 앉혔고 본격적으로 부동산업에 발을 들여놓았다. 직원 200명의 부동산 회사 8개 지점 중 3개 지점을 관리하게 되었다.

2016년 베트남에 첫 부동산 공인중개사 자격증 시험이 생겼다. 이왕 부동산에 종사하기로 마음먹었으니 자격증 시험에도 도전하기로 했다. 그렇게 베트남 최초의 외국인 공인중개사 자격을 취득했다. 당시는 세상 모든 것이 내 것만 같았고 마음먹은 대로 될 것만 같았다. 하루에도 수십 통의 문의전화가 걸려오고 매달 여러 건의 계약이 성사되었다. 베트남에 정착해 일을 시작한 것은 정말 '신의 한 수'였다고 생각했다. 그런데 예상하지 못한 사건에 휘말리면서 중개일이 휘청거리기 시작했다. 매수자와 매도자 간의 오해로 좋지 않은 소문이 퍼지고 악성 댓글들이 달리기 시작했다. 그때를 생각하면 지금도 죽고 싶은 심정이다. 매일 어떻게 살아가야 할지 막막했다. 부동산을 찾아오던 손님들도 줄고 설상가상 둘째 아이까지 태어났는데 돈한 푼 제대로 집에 갖다 줄 수 없었다. 게다가 중상모략까지 더해져 아내의 핸드폰에까지 욕설과 나를 비방하는 문자들이 날아왔다. 점점 손님들이 떨어져 나가기 시작했고 통장에는 겨우 100만 원가량 남은 상황이었다. 그 위기를 극복해 나가기 위해 나는 마케팅 업무가 가능한 친구를 섭외해 함께 일할 것을 제안했다. 되돌아보면 나는 정말 인복이 있다. 터무니없는 적은 금액으로도 함께 일해보자고 제안했고 마케팅하는 친구도 흔쾌히 승낙했다. 훗날 왜 나를 도와주었냐고 물어보니 그 친구는 "사장님 말씀하시는 게 자신감이 있어 믿음이 갔어요."라고 말했다. 새로운 마음으로 시작한 마케팅은 선순환 구조를 만들어 다시 자리를 잡게 되었다. 마케팅을 도와준 지인뿐만 아니라 여러 사람의 도움 덕분에 현재의 자리에 오른 것이다.

베트남은

어떤 나라?

베트남은 지리적으로 유리한 위치에 있다. 바다를 끼고 남북으로 길게 뻗어 유통의 세계적 거점 역할이 가능하다. 중국과 마찬가지로 베트남은 정치적으로는 사회주의이지만 자유 시장경제 국가로 변모했다.

VIETNAM

Chapter 02

베트남은 어떤 나라?

1) 한국인들이 베트남인들을
마사지해주게 될지도 모른다

한국과 역사가 비슷한 베트남

베트남은 한국과 비슷한 점이 많다. 전쟁이라는 뼈아픈 역사가 있고 전쟁 때문에 가족과 친구가 희생되는 것을 목격한 아픔이 있다. 두 나라는 전쟁으로 인구가 급감했고 한국과 마찬가지로 베트남도 전후 출산율이 높아졌다. 한국은 1945년 해방 후 1946년까지 일제시대 후반기의 착취와 강제징용 등의 악영향으로 출생아 수가 50만 명대로 감소했다. 1947년부터 출생아 수가 약 70만 명까지 급증했고 이때부터 연 4%대의 폭발적인 인구증가율을 보였다. 1960년대 초반까지 한

창 베이비붐 현상이 일어나며 가구 당 평균 6명 대를 기록했고 출생
아 수도 90만~110만 명 선까지 늘어났다. 이후 출산율이 계속 떨어
지면서 2018년에는 가구 당 0.98명을 기록했다.

베트남은 1976년 공산화 이후 1980년대 초반까지 가구당 평균
6명 이상을 출산하는 폭발적인 인구 증가세를 보였다. 2012년부터
1.77명으로 출산율이 떨어졌지만 2015년 1.9명으로 늘었고 현재는
2.1명으로 점진적인 증가세를 보이고 있다. 출산율의 증가로 10년 후
에는 총인구가 1억 명을 넘어설 것으로 예상된다. 통계 수치로 확인
되지 않은 소수민족 인구까지 합치면 이미 1억 명이 넘었을 것으로

추산된다. 베트남의 평균 연령은 30대로 15~34세 젊은 층이 전체 인구의 34%를 차지하는 반면, 한국의 평균 연령은 42세로 고령화가 지속될 것으로 예상된다. 베트남은 한국의 1990년대 초반과 비슷한 구조를 보이고 있다. '과거를 알면 미래가 보인다'고 한다. 지금 우리는 한국의 과거를 되짚어보며 베트남의 미래를 진단해야 한다.

개천에서 용이 날 수 있는 구조

이미 한국 사회는 '개천에서 용이 날 수 없는' 구조로 변했다. 부의 대물림이 이어지며 '부익부 빈익빈' 추세가 가속화되고 있지만 베트남은 다르다. 현재 고도성장 중인 사회 분위기 속에서 개천에서 용이 나는 것은 별로 어렵지 않다.

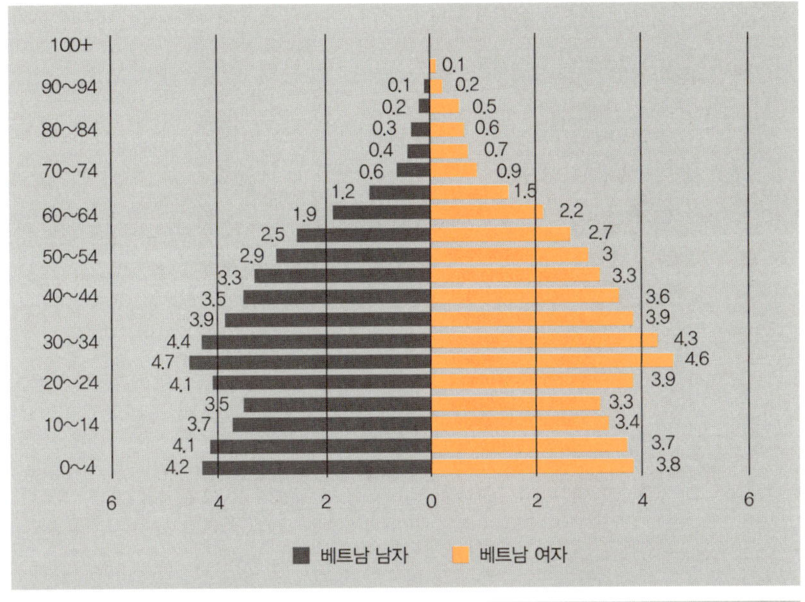
100+
90~94
80~84
70~74
60~64
50~54
40~44
30~34
20~24
10~14
0~4
0.1
0.1
0.2
0.2
0.3
0.5
0.4
0.6
0.6
0.7
1.2
0.9
1.9
1.5
2.5
2.2
2.9
2.7
3.3
3
3.5
3.3
3.9
3.6
4.4
3.9
4.7
4.3
4.1
4.6
3.5
3.9
3.7
3.3
4.1
3.4
4.2
3.7
3.8
6 4 2 0 2 4 6
베트남 남자
베트남 여자

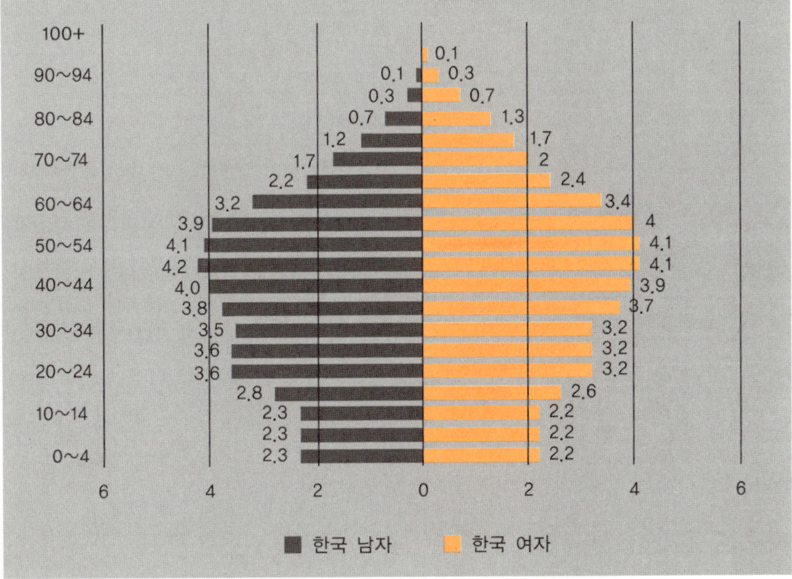
100+
90~94
80~84
70~74
60~64
50~54
40~44
30~34
20~24
10~14
0~4
0.1
0.1
0.3
0.3
0.7
0.7
1.3
1.2
1.7
1.7
2
2.2
2.4
3.2
3.4
3.9
4
4.1
4.1
4.2
4.1
4.0
3.9
3.8
3.7
3.5
3.2
3.6
3.2
3.6
3.2
2.8
2.6
2.3
2.2
2.3
2.2
2.3
2.2
6 4 2 0 2 4 6
한국 남자
한국 여자

베트남 국민들의 높은 교육열에서도 알 수 있다. 실제로 우리집에서 메이드(maid; 가사 도우미) 일을 하는 여성의 예를 들어보겠다. 그녀는 자녀 한 명을 매달 40만 원가량 드는 국제 유치원에 보내고 있다. 베트남 1인당 국내총생산(GDP)이 연 3천달러(348만 원)에 그치는 데 비추어보면 매달 약 40만 원이 드는 유치원에 보내는 것은 부모의 엄청난 희생이다. 겨우 중학교만 졸업한 메이드가 이렇게 교육에 열을 올리는 것은 아마도 못 배운 설움 때문인 듯하다. 우리나라는 베이비붐 시대 이후 첫째 아이가 성공해야 집안이 일어선다는 의식이 강했는데 베트남도 다르지 않았다. 첫째 아이 교육에 치중했고 나머지 자녀들의 교육은 외면하는 상황이었다. 교육을 제대로 못 받은 부모들은 알고 있다. 배우지 못한 설움을.

'영어만 잘해도 먹고 살 수 있다'

이것은 베트남 부모들이 가진 생각이다. 어디서 많이 들어보지 않았는가? 우리나라 역시 2000년대 초반만 하더라도 영어만 잘해도 먹고 사는 데 아무 지장이 없었다. 베트남도 우리의 과거 흐름과 비슷하게 흘러가는 실정이다. 택시기사들의 생각도 똑같다. 영어공부를 시키기 위해 영어권으로 유학을 보냈다는 말을 종종 듣는다. 과거 베트남의 출산율은 하향곡선을 그리다가 최근 다시 높아지는 추세이지만 대부분의 가정들은 2명 이상은 낳지 않으려고 한다. 1~2명만 낳아 잘 기르면 된다는 생각이 팽배하다. 우리나라도 같은 과정을 겪었고 현재 베트남도 자녀에 대한 집중교육 시기라고 보면 될 것이다. 최근 베트남이 자본주의 시장으로 체제를 전환함에 따라 국내 여건이 좋아져 해외에 정착한 보트 피플이 다시 베트남으로 되돌아가고 있다.

공산 월맹군의 공세가 격해지자 후에 · 다낭 등의 도시에서는 많은 난민이 탈출했고 사이공 함락과 함께 자유 월남의 군인이나 월남 정권의 협력자와 그 가족은 난민으로 미국으로 건너갔다. 베트남 사회주의 공화국 수립 이후에도 난민의 해외유출이 계속되었는데 보트나 어선으로 탈출해 '보트 피플'이라고 불렀다. 베트남은 이례적으로 보트 피플의 이중국적을 허용하면서 지식인들이 사회적으로 많이 유입되는 상황이다. 또한 외국인 투자법인들이 속속 생겨나면서 달러가 많이 유입되고 있다. 보트 피플 유입과 함께 점점 공권력이 줄면서 부정부패 척결에도 나서고 있다. 자본주의로의 변화를 꾀하는 베트남은 현재 금융권, 보험사 등 성장주도 사업들이 계속 발전하고 있다.

세계무역의 중심지로 급부상 중

베트남은 지리적으로 유리한 위치에 있다. 바다를 끼고 남북으로 길게 뻗어 유통의 세계적 거점 역할이 가능하다. 중국과 마찬가지로 베트남은 정치적으로는 사회주의이지만 자유 시장경제 국가로 변모했다. 개혁개방 노선을 채택한 베트남은 세계 모든 국가들과의 교류가 늘고 있다. 베트남은 토지 국가소유제, 공산당 1당 지배체제 등 공산주의의 기본 골격은 유지하면서 대외개방과 시장경제의 자본주의를 접목시키려는 '도이머이(Đổi mới)' 정책을 적극 수용하고 있다.

30대가 경제성장을 주도하는 중이며 2014년 이후 연 6% 이상의 경제성장률을 달성하고 있다.

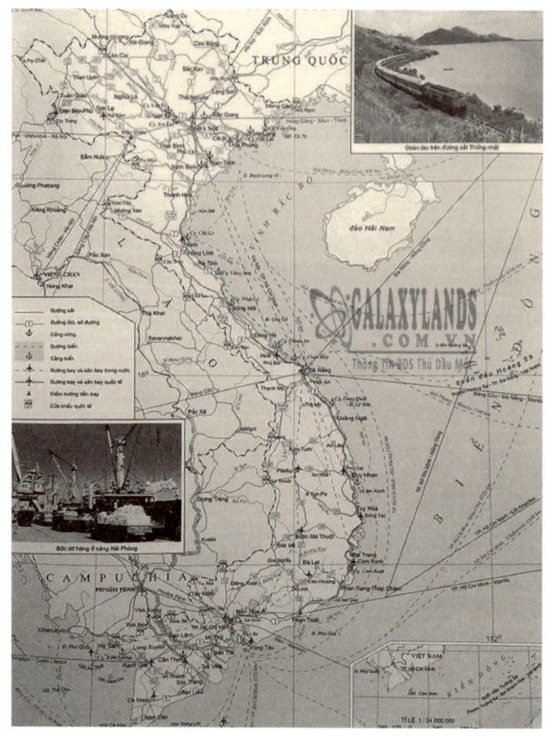

　　미국과 중국의 무역전쟁의 승자로 꼽히는 것이 베트남이다. 2019
년 1~5월 사이 미국의 동아시아 지역 수출 물량은 225만 TEU로 전
년 1~5월 대비 114.6% 증가했다. 베트남의 대미 수출은 지난해 1~5
월 43만 1,890 TEU에서 올해 1~5월 56만 4,420 TEU로 30.7%가
늘어 전 세계 최대 증가율을 보였다. 베트남이 미·중 무역전쟁의 최
대 수혜국으로 떠오르면서 외국계 제조업체들의 탈(脫)중국화가 본격
화된 것이다. 중국 수출업체들이 미국의 관세를 피해 자국 제품을 '베
트남산'으로 바꾸는 전략이 물량 증가로도 이어졌다. 실제로 인도네
시아와 필리핀 등 일부 동남아 국가들은 생산기지를 베트남으로 돌리
고 있다.

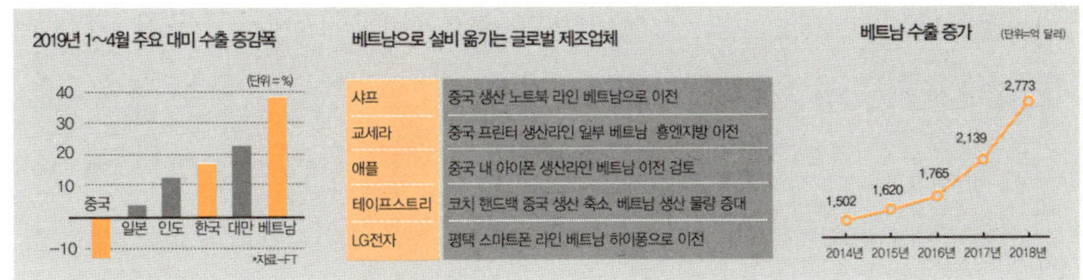

베트남은 강력한 경쟁력으로 중국에 비해 저렴한 임금 수준을 자랑한다. 중국 상하이의 최저임금이 월 41만 원 수준인 반면, 베트남은 그 절반 수준인 418만 동(한화 20만 6천 원)으로 기업들이 생산기지를 옮기는 데 적극적이다. 한국 해양수산개발원에 따르면 올 1분기 베트남의 대미 수출액은 690억 달러로 지난해 1분기 대비 41.2% 증가한 것으로 나타난 반면, 한국은 11.1%에 그쳤다.

글로벌 해운 선사들은 중국 대신 베트남으로 눈을 돌리고 있다. 이를 뒷받침하는 현상이 베트남 노선의 신설이다. 중국 상하이는 베트남 노선이 기존 17개에서 23개로 늘었으며 한국은 호치민 노선을 19개에서 23개로 늘렸다.

나날이 발전하는 베트남

베트남의 스마트폰 사용자는 2018년 84% 이상으로 2016년의 78%보다 6% 증가한 것으로 나타났다. 대도시 사용자 비율은 5년 동안 꾸준히 증가해왔고 외곽지역(호이안, 호아빈, 투여우못 등) 비율은 71%, 농촌지역은 68%에 달했다. 2015년 베트남 최초로 자체 제작한 스마트폰인 'Bphone'이 출시되었고 베트남 최대 민영기업인 빈그룹이 자체 스마트폰 제작에 착수할 것이라고 밝혔는데 한국 개발인력 스카우트와 동시에 베트남에 진출한 한국 부품사와의 협력 및 인수까지 검토하고 있다. 매년 6% 이상의 경제성장률을 보이는 베트남은 IT 제조 경험과 인구를 바탕으로 1위인 한국을 위협하고 있다.

베트남은 2018년 10월 파리 국제모터쇼에서 직접 개발한 차량을 선보였다. '베트남의 삼성'으로 불리는 빈그룹은 '빈 패스트'라는 브랜드로 첫 양산한 완성차 '파딜(Fadil)'을 출시했다. 차량은 독일 오펠의 소형 크로스오버 칼록스 차체를 이용했고 디자인은 이탈리아의 유명 디자인 스튜디오 피닌파리나가 맡았다. 이번에 출시된 파딜은 약 2천만 원의 가격으로 가격경쟁력을 갖추었고 고급 세단 전기차 개발도 염두에 두고 있다.

한국인들은 동남아 사람들을 무시하는 경향이 있다. 하지만 한국이나 다른 외국에 간 베트남인들과 만날 기회가 있다면 친분을 쌓아 놓는 것이 좋다. 외국 비자 발급만으로도 베트남에서는 사회적으로 어느 정도 성공했다는 의미다. 나는 가끔 주변사람들에게 "우리가 베트남 사람들을 마사지해줄 날이 올 수도 있어."라고 말한다. 한국인들은 선뜻 이해하지 못할 것이다. '설마, 그런 일이 있겠어?'라는 회의적 시각도 있을 것이다. 그러나 발전하는 베트남의 미래는 방관할 것이 아니라 주목하고 공존할 길을 모색해야 한다.

2) 베트남인들은 어떤 특징을 가지고 있나?

역사 속에서 찾아보는 민족성

한 나라에서 정착하고 살아가기 전에 알아두어야 할 것이 바로 국민성이다. 각자 성격 차가 있겠지만 민족적 특성은 결코 무시할 수 없다. 베트남 인구는 약 9,700만 명으로 세계 15위다. 베트남 족인 Kinh족이 전 국민의 85% 이상이며 기타 54개 소수 민족이 각지에 흩어져 생활하고 있다. 베트남 내 화교도 약 100만 명이 있다. 전쟁의 영향 때문인지 남녀 성비는 1:1에 가깝고 1980년대 이후 출생한 30대 인구가 50% 이상을 차지한다.

우리가 잘 알고 있듯이 베트남은 외세에 굴복하지 않은 역사가 있다. 그만큼 전쟁 승리에 대한 자부심이 강하다고 할 수 있다. 특히 베

트남전에 대해서는 언급을 자제하는 것이 좋은데 농담으로라도 베트남전에 참전했다는 말은 하지 않는 것이 좋다. 미국에게 승리했다는 그들의 자부심은 엄청나다. 베트남에서 가능하면 삼가야 할 또 다른 주제는 중국이다. 반중 감정 자극은 지양해야 한다. 천 년 동안 중국의 지배를 받은 뼈아픈 역사뿐만 아니라 남중국해에서 벌어지고 있는 영유권 시비로 반중 감정이 고조되고 있다.

베트남인은 크게 북부와 남부로 나눌 수 있다. 환경적, 지리적 특징이 다른 만큼 성향도 차이가 있다. 북부는 호치민 주석 등 베트남 혁명가 출신이 많은데 기본적으로 성실하고 인내심이 강한 반면, 남부는 온화한 자연 조건 덕분인지 개방적이고 자유로운 성향이다. 북부와 남부는 경제적 차이도 있다. 연중 따뜻하고 비옥한 토지의 남부는 소비에 관대하고 실리적인 소비, 즉 외식문화가 발달해 있다. 해외 대형 프랜차이즈인 맥도날드와 스타벅스 1호점 등도 남부에 처음 오픈했다. 4계절이 뚜렷한 북부는 소비에 보수적이며 체면과 신분을 중시하고 고급제품을 선호한다. 이런 성향을 반영하듯 남부에 첫 프랜차이즈 전문점이 생겼다면 북부에는 볼보 베트남 대리점 1호점이 들어섰다. 하노이에는 명품 의류 브랜드와 고급 자동차 브랜드가 시장에 진입하고 있다.

내가 느끼는 베트남인들은?

개인차가 있겠지만 대부분의 베트남 이민자들이 공감하는 내용으로 개인적 입장임을 밝히고 시작하겠다. 베트남에 살면서 느낀 그들의 대표적 특징은 강한 자존심, 게으름, 시간개념 부족 등이라고 할 수 있다. 베트남은 특히 자존심이 강한 민족이다. 자신이 잘못을 저질러도 인정하는 경우가 극히 드물다. 그들은 'Sorry'라는 말은 잘하지만 '씬로이'라는 말은 잘 안 한다. 언어적 표현으로 해석하면 'Sorry'가 나의 고의성이 아닌데 '미안해' 정도라면 '씬로이'는 나의 잘못을 인정한다고 고개를 숙이는 것과 같기 때문이다.

동료 직원이 계약서 관련 실수를 저지른 적이 있었다. 비교적 큰 실수로 내가 상황을 처리해야 했는데 그 직원은 'Sorry'라고 말하는 것이었다. 자기 변명만 늘어놓는 그에게 '씬로이'라고 말하라고 강요했더니 정색하며 밖으로 나가버렸다. 그만큼 자존심이 강하고 자신의 잘못을 잘 인정하지 않는다. 만약 내가 베트남 직원을 써야 한다면 게으른 행동에 대해서는 매우 관대해야 할 것이다. 사회주의 체제 탓인지 베트남인들은 딱 시킨 일만 하는 습관이 있다. 성공지향적이 아니라 단순히 '하루 먹고 살면 된다'고 생각하는 사람들이 많아 일 욕심이나 미래에 대한 생각은 적다. 행동이 느리고 게을러 일을 몇 번이나 지시해야 한다.

지인 중에 식당을 운영하는 사람들이 공통적으로 하는 말이 있다. "시키는 일만 잘해도 일을 잘하는 사람이다." 본인이 일을 찾아서 하기보다 시키는 일도 어떡하든 시간만 때우고 제대로 수행하지 않으려는 경향이 강하다. 인내심을 갖고 계속 일을 시키고 지시해야 한다. 예를 들어, 한국의 식당에서 홀 종업원이 테이블 3~4개를 담당한다면 베트남에서는 테이블 하나만 맡아 서빙한다. 인건비가 싸지만 그만큼 노동력 활용성이 낮다는 것을 염두에 두는 것이 좋다. 그래서 처음 정착하면서 베트남 직원에게 일을 시키지 않고 혼자 처리하는 경우가 많다. 답답하기 때문인데 이것은 혼자만 힘들어지는 상황을 연출하는 것이다. 힘들더라도 계속 지시하고 시키는 버릇을 들여야 나중에 편하게 함께 일해 나갈 수 있을 것이다. 참고로 시킨 일을 잊고 하지 않아도 미안해하지 않는 태도도 볼 수 있는데 이것도 그들의 특성이라고 생각하고 넘어가는 것이 심신 안정에 이롭다고 말하고 싶다.

베트남인은 시간 약속 개념이 없다. 이런저런 핑계를 대며 지각은 습관인 것 같다. 처음 베트남 사람들과 약속을 잡고 속을 많이 끓이곤 했다. 10~20분이 아니라 1~2시간을 늦으니 기다리는 사람 입장에서는 애가 탈 수밖에 없다.

베트남에 처음 아파트를 얻고 황당했던 기억이 있다. 이들은 소음에 별 신경을 쓰지 않는다는 것이다. 아침이든 저녁이든 위에서 아이가 뛰어놀아도 별로 문제삼지 않는다. 우리나라에서는 상상도 못할 일인데 베트남은 소음에 대해서는 관대한 편이다. 어느 날 저녁에는 문을 열어놓고 노래를 부르는 게 아닌가! 베트남은 집집마다 노래방 기계가 있을 정도로 노래를 좋아하는데 저녁 늦게까지 문도 닫지 않고 큰소리로 노래를 불렀다. 흥이 많다는 것은 이해하지만 자신만 즐거우면 그만이라는 생각이 강하고 타인에 대한 배려가 없다. 물론 내가 겪었던 사건들만으로 일반화할 수는 없지만 베트남에 온 대부분의 사람들이 느끼는 공통 분모일 것이다.

　　2015년 3월 나는 신발 생산업체 해외영업 주재원으로 발령나면서 베트남에 오게 되었다. 사내에서는 해외영업, 그것도 동남아 쪽은 꺼리는 편이었다. 취업하기 전, 사업을 하며 생긴 빚이 있었고 빨리 갚겠다는 생각으로 주재원 발령을 수락하고 베트남 근무를 시작하게 되었다.

　　베트남 내에 신규 브랜드 확보를 위해 1주일에 하루만 쉬며 영업을 다녔다. 노력한 덕분에 몇 곳의 신규 브랜드 입점에 성공할 수 있었지만 회사는 내 성과를 모른 척했다. 인센티브로 먹고 사는 영업직인데 회사가 공을 모른 척하니 서운하고 속상할 수밖에 없었다. 인센티브도 제대로 못 받은 상황에서 승진 얘기도 기존 약속과 달라지면서 이직 생각도 하게 되었다. 그 외중에 회사는 본사인 안양으로 출근하라고 하니 아무 연고도 없는 곳에서 생활하는 것은 베트남과 별로 다르지도 않겠다고 생각했다. 그 사건을 계기로 3년 동안의 베트남 생활 노하우를 바탕으로 장사를 하기로 마음먹었다. 아구찜 전문점이었다. 우선 베트남에는 아구찜 전문점이 없었고 이모가 한국에서 아구 장사를 하고 있어 비교적 쉽게 할 수 있겠다고 판단해 선택했다.

　　아구찜은 한국에서 수입하기로 하고 보증금 450만 원에 월세 170만 원, 주방 집기 및 인테리어비 4,000만 원을 투자해 장사를 시작했다. 베트남은 한국처럼 홍보할 방법이 많지 않아 입소문이 나기만 기다렸다. 맛에는 자신 있어서 6개월만 버티면 된다는 생각으로 꾸준히 해나갔다. 장사는 생각보다 빨리 안정을 찾았고 3개월 정도 되자 본격적으로 손님들이 찾아왔다. 장사하면서 가장 힘들었던 점은 종업원 관리와 소통 부재였다. 또한 베트남인들이 게을러서인지 1명이 할 일을 10명이 나누어 하는 것과 같았다.

우연히 들은 베트남 속담에 '1명이 잘 될 바에야 전부 망하는 게 낫다'라는 말이 있다. 그때는 우스갯소리로 넘겼는데 종업원을 쓰며 그 말뜻을 이해하게 되었다. 옆에서 아무리 화를 내고 잔소리해도 핸드폰을 하고 돌아서면 자기들끼리 웃고 떠들었다. 한국인의 사고방식으로는 참을 수 없는 일이었지만 저렴한 인건비를 생각하면 마음을 비우고 장사해야 한다고 생각했다.

1년이 지나자 투자금을 회수하고 손익분기점을 넘겼다. 물론 한국에서 회사생활을 하는 것보다 쉬는 날도 많고 여러 난관도 많았다. 여가시간의 문화생활은 한국보다 턱없이 부족해 골프 정도이지만 베트남 생활을 한 번도 후회한 적이 없다. 오히려 팍팍한 한국 생활보다 스트레스와 자극이 없는 이곳의 삶이 느긋하고 좋다고 생각한다.

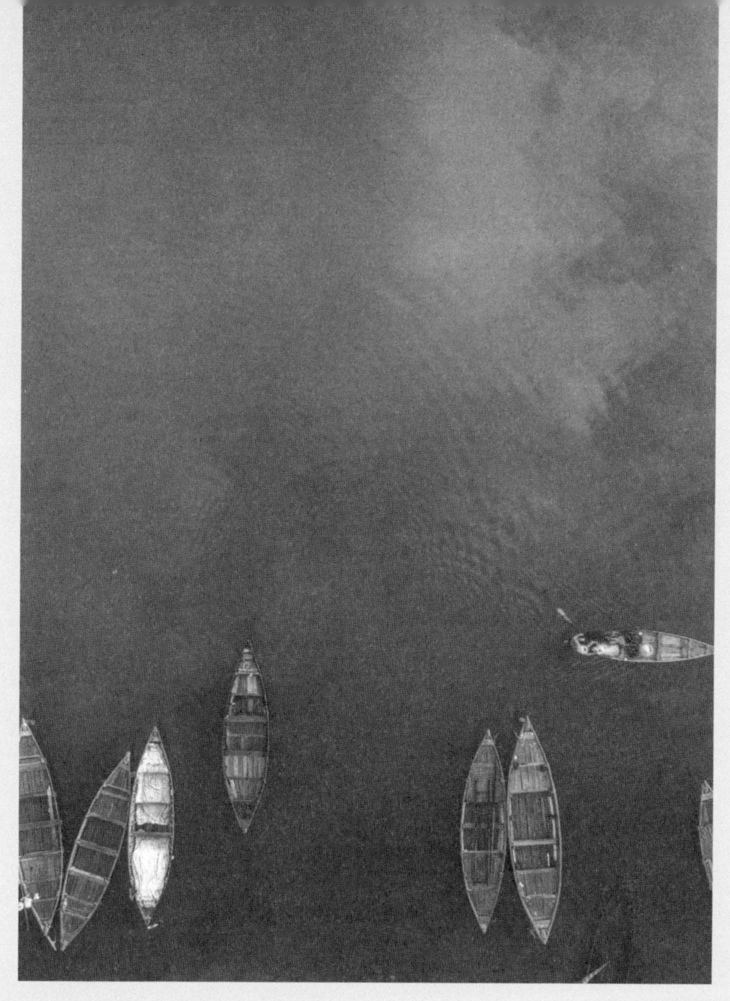

베트남 이민,
떠나볼까?

베트남어를 배울 것을 적극 추천하는 것은 단순히 언어적 능력만 높이라는 뜻이 아니다. 베트남어를 공부함으로써 부가적으로 얻는 것이 매우 많기 때문이다. 더 양질의 물건을 좋은 가격에 시장에서 흥정해 구입하고 다양한 인맥도 형성할 수 있다.

VIETNAM

베트남 이민, 떠나볼까?

1) 시작은 베트남어 공부

이민을 준비하는 사람들 중에는 언어의 중요성을 중시하지 않는 경우도 있다. 베트남 이민을 준비하는 사람들 중에는 영어를 기본 이상으로 한다는 자신감에 찬 사람들이 많지만 냉정히 말해 베트남 사회에 속해 살아가려면 현지어는 기본적으로 듣고 말할 수 있어야 한다. 베트남은 영어와 중국어 대화가 어려워 베트남어 공부가 필수다. 베트남에 거주하면서 통역에 의존해 생활하는 사람들을 많이 볼 수 있다. 따로 사업체를 운영하거나 비즈니스를 하지 않는다면 큰 불편이나 문제는 없겠지만 통역에만 의존하면 사기 피해나 범죄 노출에의 위험도 염두에 두어야 한다. 언어를 어느 정도 이해하고 공부하는 것이 베트남 정착을 위해 반드시 필요하다. 물론 베트남어를 잘하지 못해도 성공하는 사람도 있다. 일반적으로 생산업체 종사자는 베트남어를 못해도 정착하고 성공할 수 있다. 이것은 수 년 동안 베트남인들과 함께 일해 베트남인들이 한국어를 어느 정도 알아듣기 때문에 가능한 것이다.

베트남 이민을 준비하는 사람들에게 누차 강조하는 것이 바로 언어 공부였다. 필자도 베트남에 온 초기에는 언어장벽 때문에 많이 힘들었다. 내 경험에 비추어보면 단기간에 베트남어 실력을 늘리는 방법은 낮은 레벨의 교재를 반복해 공부하는 것이다. 대학에 들어갔을 때 낮은 레벨의 책을 여러 번 보면서 언어를 습득했던 기억이 난다.

베트남어 문법은 간단하지만 6성조로 이루어져 발음하기 어렵다. 성조에 따라 뜻이 다르니 초기 단계에서는 각별히 신경써야 한다. 과거 베트남어를 배우기 시작할 때는 한정적인 베트남인들과 대화했다. 한정적인 사람들과 대화할 때의 단점은 대화를 자주 나눈 사람만 내가 하는 말을 이해한다는 것이다. 비슷한 습관으로 언어를 사용하므로 나에 대한 상대방의 이해도가 높아지고 성조나 발음에 신경 쓰지 않아도 알아듣는 셈이다.

언어를 가장 빨리 습득하려면 당연한 말이지만 베트남 현지인들 사이에 자신을 다양하게 노출시키는 것이 좋다. 사람들과의 소통은 물론 뉴스와 드라마 시청도 듣기에 큰 도움이 된다. 처음 베트남어를 시작했을 때는 몇 개 단어 외에는 알아듣는 것이 없었다. 베트남어에 익숙해지기 위해 드라마와 뉴스를 틀어 놓고 잠을 청했던 기억이 난다.

　내 경험상 듣기와 말하기는 6개월 정도 지나면 어느 정도 가능하지만 독해와 쓰기는 또 다른 한계에 부딪쳤다. 처음에는 성조 표기를 무시하고 베트남인들과 채팅을 하며 언어 쓰기를 연습했다. 이후, 성조 표기를 하지 않는 습관이 들어 고생한 기억이 난다. 언어를 빨리 배우려는 노력은 중요하지만 특히 성조는 신경써서 발음하고 쓰는 것이 중요하다.

　베트남어 과외를 받는 사람이 있다면 한국 문화를 제대로 이해하는 베트남인에게서 배우길 권한다. 언어는 단순히 기술적인 스킬만 배우는 것이 아니라 문화에 대한 이해도 필요하다. 문화차를 이해하고 언어를 배울 수 있다면 베트남 생활에 쉽게 빨리 적응할 수 있을 것이다. 한국에서 베트남어를 공부해 이민을 준비한다면 좋겠지만 그렇지 못한 경우라면 베트남 내 어학당을 권한다. 호치민에는 호치민 인사대학, 똔득탕대학, 호치민 사범대학, 일반 학원 등 학당이 다양하다. 학교들마다 특성이 다르니 직접 찾아가 알아보고 선택하는 것이 좋겠다.

　호치민 인사대학의 경우, 외국인 재학생이 많고 영어로 수업이 진행된다. 대학에 다닐 계획이라면 한국어 학과가 개설되어 있어 한국어 전공 베트남 학생들과 언어를 교환하는 것도 좋은 방법이다. 똔득탕대학은 주부와 사업자들이 많이 다닌다. 한국인과의 친목과 정보교

류를 위해 많이 다니는 곳으로 생각하면 되겠다. 일반적으로 대학은 전 세계인들이 오므로 영어 수업이 대부분이다. 영어에 대한 울렁증이나 두려움이 있는 사람은 학원 공부도 한 가지 방법이다.

베트남어를 배울 것을 적극 추천하는 것은 단순히 언어적 능력만 높이라는 뜻이 아니다. 베트남어를 공부함으로써 부가적으로 얻는 것이 매우 많기 때문이다. 더 양질의 물건을 시장에서 흥정해 구입하고 다양한 인맥도 형성할 수 있다. 주변 사람들에게 자주 하는 말이 있다. 한국에서 한 달에 300만 원을 벌면 3,000만 원을 버는 사람과 인맥을 쌓기 어렵지만 베트남은 가능하다고 말해주곤 한다. 한국에 대한 인식이 좋고 한국인을 높이 평가하므로 경제적 수준차가 있더라도 상류층과 어울릴 기회를 잡을 수 있다. 결국 사회적으로 성공할 수 있는 창구로 활용할 수 있다는 뜻이다.

100만 원만으로 베트남에서 한 달 동안 살 수 있다?

일반적으로 100만 원으로 베트남에서 가사 도우미도 쓰고 좋은 집에서 호의호식하며 살 수 있다고 생각하는 사람들이 많다. 10년 전이라면 가능했을지도 모른다. 베트남은 나날이 성장하고 있고 실제로 생활하다 보면 한국과의 물가차를 크게 느끼지 못한다. 당연히 베트남인들의 주거 공간에서 현지 음식을 먹는다면 체감물가는 크게 낮아진다.

예를 들어, 베트남인들이 찾는 현지 식당의 쌀국수는 한국 돈으로 약 2,500원이다. 중심지역과 현지인들이 찾는 외곽지역의 물가 수준은 '하늘과 땅' 차이다. 중심지역의 비싼 식당은 쌀국수 한 그릇에 4~5천 원인 곳도 있다. 그렇다면 왜 베트남은 물가가 싸다고 생각할까? 유튜브 동영상을 보면 베트남에서 '1만 원에 망고 사기', '로컬 식당에서 밥 먹기'와 같은 컨텐츠를 볼 수 있다. 베트남에서 싸게 살 수 있는 음식만 보여주어 상대적으로 베트남의 물가가 낮다고 오인하게 되는 것 같다. 주요 원산지와 생산지에 따라 시장가격은 달라진다. 제주도에서 감귤이 싸고 맛있듯이 동남아에서 망고나 로컬 푸드가 싼 것은 당연하다.

흔히 베트남인들이 혼자 지내는 주거 공간은 우리가 생각하는 원룸 수준이 아니다. 그보다 훨씬 열악해 고시원 수준으로 생각하면 된

다. 작은 방 하나에 여러 명이 모여 사는 곳도 많아 위생 상태가 우리의 상상 이하일 수도 있음을 알아두길 바란다.

베트남의 도시 중심지역과 외곽지역의 물가차는 매우 크다. 우리나라의 수원과 같은 지역은 한국 돈으로 8천만 원 정도면 소형 아파트 매입이 가능하다. 거기에 인건비가 저렴해 가사 도우미를 두고 생활한다면 한 달에 200만 원으로 꽤 편안하게 살 수 있다. 한 달에 100만 원으로도 생활은 가능하다. 단, 조건이 붙는다. 우리가 생각하는 여유로운 생활은 아니라는 것이다. 베트남 물가는 쓰는 액수에 따라 다른데 한국보다 조금 낮은 수준이라고 생각하는 것이 좋겠다. 월등한 물가차를 보이지 않는다는 것을 알아두어야겠다.

한국보다 비싼 공산품

베트남 공산품은 한국보다 비싸다. 우리가 아는 아디다스, 나이키 등 유명 브랜드 공장들이 베트남에 있어 베트남에서 구입하는 제품들이 한국보다 저렴할 거라고 착각하곤 한다.

'MADE IN VIETNAM'이라고 명시되어 있지만 베트남은 수출하고 다시 수입하는 구조이므로 이곳에서 구입하는 공산품 가격은 최대 2배까지 차이가 난다. 자동차와 컴퓨터도 마찬가지다. 베트남 내에서 자동차는 부자들만의 전유물로 여겨진다. 일반적으로 한국인들은 차가 필요할 때 렌터카를 많이 이용한다. 렌터카는 한국과 달리 차를 빌려 직접 운전하는 것이 아니라 운전기사가 동행하며 대신 운전해준다.

대중교통

　베트남은 아직 대중교통 시스템이 잘 정비되어 있지 않다. 호치민에는 지하철 1호선이 2022년 12월 완공될 예정으로 교통이 더 편리해질 것으로 기대된다. 일반적으로 이민 온 사람들이 가장 많이 이용하는 교통수단은 택시이고 두 번째는 오토바이를 구입하거나 렌트해 이용하는 것이다.

　버스는 현지인들이 많이 이용하며 노선이 복잡하고 시간이 많이 걸려 대부분 이용하기를 꺼린다. 택시비는 한국보다 저렴해 많은 사람들이 이용하는데 호치민 거주 한국인들은 'Grab' 택시 서비스를 많이 이용한다. 베트남 현지인들은 Grab(외곽지역은 없음), Go Viet(호치민), 세옴(현지 오토바이)을 이용하며 지역별 택시를 호출해 이용하기도 한다.

　어플을 이용해 택시를 호출하고 사용하는 이유는 '사기 택시'가 많기 때문이다. 사기 택시는 관광객이 많은 곳에 있으며 일반 택시와 3배 이상의 요금차가 나기도 한다. 어플을 이용하지 않는다면 'VINASUN', 'MAILINH'라고 써 있는지 확인해야 한다. 상표까지 비슷하게 사용하는 택시가 있기 때문에 이것도 조심해야 한다. 외형적으로 택시들은 비슷하지만 광고가 붙어 있지 않고 밋밋한 모습이다.

　베트남에 거주하는 젊은이들은 오토바이를 많이 이용한다. 개인적으로 오토바이 운전은 반대다. 도로 사정이나 운전 매너 등을 고려하면 한국보다 현저히 떨어지는 것이 현실이고 사고가 발생하면 의료보

험이 제대로 갖추어져 있지 않아 비싼 병원비를 부담할 위험도 있다.

과거 대학 시절, 오토바이를 운전하다가 사고가 난 적이 있었다. 빗길에 미끄러져 일어난 사고였는데 아스팔트 마찰로 3도 화상을 입었다. 급히 병원으로 옮겨졌지만 병원은 소위 '빨간 약'만 발라주고 치료를 해주지 않았던 기억이 난다.

오토바이나 자동차 운전은 3가지 방법이 있다. 첫 번째는 한국에서 국제면허증을 발급받는 것이다. 가까운 경찰서에서 발급받을 수 있는데 오토바이 운전을 위한 원동기 면허와 자동차 면허가 다르다는 점을 명심해야 한다. 또한 국제면허증 유효기간은 1년으로 경찰이 면허증 제시를 요구하면 여권과 함께 제시해야 한다.

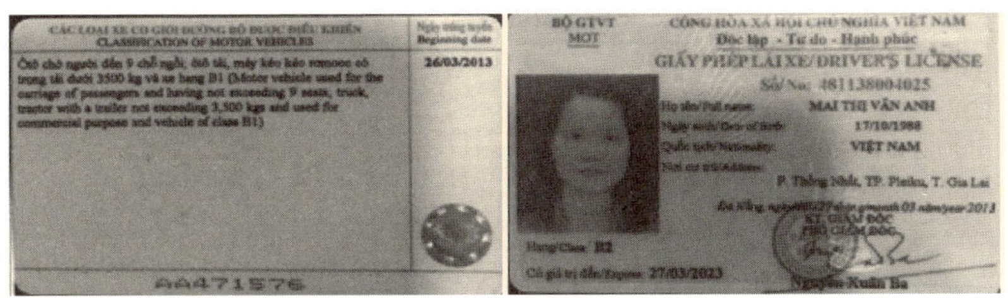

〈베트남 운전면허증〉

두 번째는 베트남 내에서 한국 면허증을 베트남 면허증으로 교체하는 것이다. 단, 비자나 거주증 만료일까지만 면허증이 발급된다는 점을 알고 있어야 한다. 베트남 면허증으로 바꾸려면 직접 방문하거나 대행사를 이용하면 된다. 직접 방문할 때는 호치민 교통국으로 구비서류를 가져가야 한다. 공증서류 및 기타 서류를 준비해야 하는 번거로움 때문에 일반적으로 대행사를 이용한다. 대행사는 많은 사람들이 선택하는 방법으로 가격이 저렴해 편리하게 이용할 수 있다.

세 번째는 베트남 면허시험에 응시하는 방법이다. 베트남어로 적힌 문제를 직접 외우고 풀어야 하는 어려움 때문에 별로 선호되지는 않지만 국제면허증과 달리 유효기간이 없다는 장점 때문에 한 번 발급받으면 계속 이용할 수 있다.

의료서비스

베트남 현지 의료서비스 수준은 낮은 편으로 한국인들은 대부분 한인 병원을 이용한다. 한인 병원은 의료서비스 비용이 높아 반드시 보험 가입을 해야 한다. 이때 한국에서 소득이 없는 경우라면 한국에서 가입한 건강보험이나 연금보험은 해지하는 것이 좋다. 일반적으로 한국에서 여행자보험에 가입한 후 활용해 의료서비스를 받는다.

또한 이민을 떠나기 전에 한국에서 진료와 검진을 마치고 올 것을 권한다. 가능하면 개인용 상비약도 넉넉히 준비해두는 것이 스스로 건강을 챙기는 방법이다. 로컬 병원은 저렴한 가격에 이용 가능하지만 의료적인 부분이므로 언어상 한계를 많이 느껴 잘 가지 않게 된다. 외국 병원에 가는 방법도 있지만 대략적인 진료만 받고 약을 받으면 10만 원이 훌쩍 넘어 경제적 부담이 되는 것이 사실이다.

아내가 둘째 아이를 출산할 당시 싱가포르 국제병원을 찾아갔다. 당시 4일 동안 입원해 VIP 병실에서 출산했는데 약 200만 원의 비용이 들었던 기억이 난다. 산부인과 진료와 분만은 한국과 다른 점이 없었다. 출산과 관련해 한국과 다른 점이 있다면 산후조리원이 따로 없어 아쉬웠다는 것이다.

베트남에서 외국인이 가입할 수 있는 1년짜리 사설 의료보험은 연 10만 원 수준이지만 대부분 한국에서 해외 장기체류자 보험에 가입해 이용하고 있다. 가격은 4인 가족 기준으로 보통 연 70~80만 원 수준이다. 또한 베트남 내에는 한국어 통역이 상주하는 응급실을 운영하는 종합병원도 있으니 미리 확인해두는 것이 좋겠다. 베트남의 국립병원은 보험 한도가 있다. 2,000만 원 보험 한도가 있으므로 베트남인들은 2,000만 원 한도까지 수술을 받고 다시 보험이 적용될 때 수술을 받는 것을 반복한다.

– 실제 오토바이 사고

지인 중 한 명이 오토바이 사고를 크게 당한 적이 있었다. 오토바이 운전자였던 그는 정신을 잃고 길 위에 쓰러졌는데 현지인들은 도와주기는커녕 핸드폰과 지갑을 훔쳐가 신속히 상황에 대처할 수 없었다. 베트남인들은 아직 사회적, 문화적 인식이 낮아 사고가 났을 때 주변 사람이 구급차를 부르거나 경찰에 신고해주기를 기대하는 것은 어렵다. 결국 사고현장에 있던 다른 외국인의 도움으로 병원에 옮겨졌지만 상황이 심각했다. 베트남인 의사는 정강이 절제를 권했는데 지인은 인근 국가인 싱가포르로 이동해 수술을 받아 다행히 다리는 절단할 필요가 없었다.

베트남은 의료기술이 떨어지는 것이 사실이므로 긴급한 경우가 아니라면 한국으로 수술하러 가는 것이 좋다. 상황이 여의치 않다면 인근 국가인 싱가포르나 태국으로 이동해 수술받는 것도 고려해야 한다. 낮은 의료 수준의 국가로의 이민을 선택한 만큼 그로 인한 피해를 고려해야 한다. 환경 부족을 탓하기 전에 자신이 대처할 수 있는 방법을 미리 숙지하고 익혀두는 것이 중요하다. 베트남 병원들의 의료 실력이 모두 떨어지는 것은 아니므로 현지 의사 중에서도 전문의 정보를 미리 입수해두는 것이 좋다.

– 교통사고 주의 필요

베트남은 주요 교통수단으로 오토바이를 많이 이용하는 만큼 그로 인한 사고도 빈번하다. 특히 횡단보도 보행 시에도 교통사고에 주의해야 한다. 먼저 신호등을 확인하고 일방통행인 경우에도 좌우측 차량이나 오토바이가 오는지 반드시 확인해야 한다. 횡단보도라고 안심하지 말고 항상 주의해 건너야 한다.

- 오토바이가 인도로 역주행하는 경우도 있으므로 횡단보도 신호를 기다리거나 인도에서 걸어갈 때도 각별한 주의가 필요하다.
- 어린이들이 길을 건널 때는 횡단보도이더라도 주의해 건너도록 부모의 각별한 주의가 필요하다.

교통사고 발생 시 대응 절차

교통사고가 발생했을 때는 가장 먼저 사고처리를 위해 경찰과 보험사에 즉시 연락해야 한다. 사고로 인한 상해가 있을 때는 경찰이 가장 가까운 병원으로 환자를 이송해준다. 베트남에서 경찰 신고 및 사고 발생 시는 113으로 전화해야 한다. 사고 운전자는 성명, 주소, 운전면허증 번호, 차량 종류 및 보험정보를 경찰과 보험사에 제공해야 한다. 경찰의 사고 보고서는 완료 후 운전자에게 전달되며 운전자는 보상금 신청 시 전달받은 경찰의 사고 보고서를 보험사에 제출해야 한다. 보험사는 사고 관련 정보, 경찰 사고 보고서 조사 및 검토 정보, 기입이 완료된 보상금 지급 신청서류를 모두 수령해 보상금 지급 절차를 진행하게 된다.

차량 운전자가 보험사에 제출해야 할 필수 서류는 운전면허증, 차량등록증, 경찰 사고 보고서(Police Report), 사고 현장 사진이다. 차량 운행이 불가능한 경우, 보험 가입 조건에 따라 보험사가 운전자에게 사용가능한 임대 차량을 제공한다. 사실 베트남에서 사고가 발생하면 보험사는 잘 개입하려고 하지 않는다. 한국처럼 보험이 바로 적용, 처리되지 않고 보험사 직원이 현장에 직접 와 확인한다. 이런 경우, 사고 수습에 보통 반나절 이상이 걸린다. 차량사고의 경우, 차량이 도로 위에 그대로 정차해 교통체증까지 일어난다. 도심의 큰 도로에서 사고가 나도 사고처리 과정은 별로 다르지 않다. 사고가 난 상태로 경찰과 보험사가 올 때까지 기다릴 수밖에 없다. 가장 중요한 것은 사고가 안 나도록 항상 조심하는 것이다.

경찰의 사고 처리 절차

1) 교통경찰이 사고 보고서를 작성하면서 사고현장 상황 메모 및 스케치, 사고 관련 당사자들의 신분증, 여권, 운전면허증, 차량 유통허가증, 차량 기술검사 증명서 등의 관련 서류 및 사고차량을 압수해 보호한다.

2) 교통경찰이 사고 관련 당사자들의 과실을 평가한다. 교통사고를 유발한 사고 가해자는 반드시 보상조치를 취한다. 외교 특권 및 외교관 면책특권을 소유한 당사자도 민사상 배상 책임에 대해서는 면책이 허용되지 않는다. 교통경찰은 사고 관련 당사자 사이의 보상 관련 합의에 대해서는 개입할 수 없으며 사고 당사자들이 합의에 이르렀을 경우, 사고 피해자는 보상을 받으며 심각한 사고가 아니라면 교통경찰이 사고 보고서를 작성하고 피해자 보상사건은 종결 처리된다. 사고 사안이 심각할 경우(중상이나 사망), 교통경찰국은 추가 조사가 진

행될 수 있도록 사건 파일을 조사 당국에게 반드시 이전해야 하며 사건 해결 및 적절한 조치나 공소 제기가 이루어진다.

3) 사고 당사자들이 민사 합의에 이르지 못할 경우, 사건은 합의 도출을 위해 지방법원 재판으로 넘어간다. 법원 판결이 나오면 외국인 당사자에게 반드시 통보가 이루어져야 하며 재판 결과에 대한 항소가 가능하다.

보험회사 신고 및 사고 처리 절차

교통사고 발생 시 각 가입 보험사에서 운영하는 핫라인 직통전화로 연락해 보험가입자(운전자) 성명, 전화번호, 차량번호, 보험증서번호, 사고일자 및 시간, 장소, 사고 경위 및 설명 등의 정보를 바탕으로 사고를 접수한다.

1) 사고 대상이 고정물이나 고정 자산일 경우: 건물, 벽, 전봇대, 조경수 등

손해액 5백만 동 이하: 운전자가 즉시 보험사에 사고 사실을 통보한 후 사고 현장에서 벗어날 수 있다.

손해액 5백만~3천만 동: 운전자는 사고 현장을 보존하고 사고 사실을 보험사에 통보해야 한다. 사고 조사 직원의 지시에 따라 운전자는 사고 현장에서 벗어날 수 있지만 보험사의 요청이 있을 경우, 사고 현장 증명에 최대한 협조해야 한다.

손해액 3천만 동 초과: 운전자는 사고 현장을 보존하고 사고 사실을 보험사
에 즉시 통보해야 한다.

2) 사고 대상이 유동물 또는 유동자산일 경우: 자동차, 오토바이, 사람 등

- **자차 손실(본인 차량 손해)**

    손해액이 2천만 동 이하일 경우, 운전자는 사고 현장을 보존하고 사고 사실을
    보험사에 통보해야 한다. 사고 조사 직원의 신속한 현장 도착이 어려운 경우,
    보험사는 전화 설명으로 운전자가 직접 사고 현장 사진을 촬영하고 보험사의
    보상 합의 계획에 따른 사고 사실 평가를 도출하도록 안내한다.

- **보험사의 사고 조사 직원, 운전자(피보험인), 사고 상대자 3자가 합의 방안
  에 동의할 경우, 별도의 경찰 보고서는 요청되지 않는다.**

    손해액 2천만 동 초과: 운전자는 경찰과 보험사가 빠른 시간 내에 사고 현장
    에 도착할 수 있도록 사고 발생 즉시 경찰과 보험사에
    사고를 신고하고 통보한다. 보상금 신청 절차상 경찰
    보고서가 요청된다.

- **민사상 배상 책임(대인 · 대물)**

    손해액 1천만 동 이하: 자차 손실(본인 차량 손해) 손해액이 2천만 동
    이하일 경우, 지침과 동일하다.

    손해액 1천만 동 초과: 자차 손실(본인 차량 손해) 손해액이 2천만 동을
    초과할 경우, 지침과 동일하다.

　－ 특수사고의 경우

차량 전소, 차량 도난, 강도 : 가입 보험사의 안내에 따라 경찰의 사고 보고서, 기타 필요한 서류를 수령해 제출해야 한다. 경우에 따라 처리 절차는 다르다. 보험사별로 손해액 및 업무 진행별 기준액 산정이 다소 다를 수 있다. 현재 가입보험사의 교통사고 신고접수 핫라인 번호, 사고처리 절차 방식에 대해 다시 한 번 자료를 요청해 숙지하고 관련 내용의 서류 및 안내 자료를 휴대해야 한다.

현재 베트남 공안신고 센터에는 공식적인 전문 영어사용 인력 데스크가 없으며 보험사들의 핫라인 직통전화 센터들도 영어 및 외국어 전담 데스크의 상시 운영이 제대로 이루어지지 않고 있는 실정이다. 긴급한 사고 상황에 대비해 통역과 사고 접수가 가능한 베트남인 통역 직원을 지정해야 한다.

금융 관련 준비

베트남인들은 현금을 많이 사용한다. 물론 신용카드를 이용하는 곳도 많지만 가끔 카드를 복사하거나 더 큰 금액을 결제하는 경우가 있다. 한국 계좌에서 현금을 찾아 사용할 경우, EXK 카드가 필요하다. EXK는 ATM에서 쉽게 인출할 수 있는데 한 번에 10~15만 원까지 인출할 수 있다. 타 동남아 국가에서도 사용할 수 있어 한국 계좌 사용자에게 꼭 필요한 카드다.

베트남에서는 비자가 없어도 통장 개설이 가능하다. 일반 통장뿐만 아니라 정기예금 신청도 은행 지점에서 직접 할 수 있다. 단, 정기예금 신청 시 비자가 있어야 가능하다. 은행 이자율도 7% 이상으로 한국의 오피스텔 임대수익률과 비슷하다. 통장 개설은 은행 창구보다 모바일 어플로 등록하면 금리를 조금 더 받을 수 있다. 모바일 어플을 이용할 경우, 모바일 OTP가 필요하며 지점을 방문해 수령해야 한다.

외환 반출입 규정

베트남 현지의 외화 반출입 규정은 매우 까다롭다. 사실 외화를 베트남 내로 유입하기는 쉬운 편이다. 외국 자본이 들어와 돈을 자유롭게 사용하는 데는 관대하지만 해외 반출은 매우 어렵다. 특히 베트남 정부는 외국인의 금융소득에 대해서는 신경이 예민하다. 해외 반출을 제한해 금융소득 발생 시 해외 송금이 어렵다는 점도 알아두어야 한다.

한국으로 해외 송금하는 방법은 없을까?

합법적인 해외 송금 방법은 두 가지가 있다. 첫째, 베트남에서 합법적으로 일하는 경우다. 베트남 내 기업에 근무하면서 받은 급여소득 누계액은 해외 송금이 가능하다. 해외 송금을 원할 경우, 급여명세서, 노동계약서, 소득세 납부증명서 등을 증빙서류로 제출해야 한다.

둘째, 베트남 투자자가 되어 투자자본 계좌를 개설하는 것이다. 베트남에서 사업자 등록 과정에서 개설하는 계좌로 베트남에서 사업을 운영할 계획이 있는 경우에 해당한다. 참고로 송금 시 수수료는 한국 신한은행에서 송금해 현지 신한은행에서 수취할 경우, 0.1%(5~30달러), 베트남 신한은행에서 송금해 한국 신한은행에서 수취할 경우, 0.1%(5~30달러)로 타 은행 이용 시보다 저렴하다.

3) 비자 문제, 어떻게 해결해야 하나?

언제 바뀔지 모르는 비자 문제

베트남 이민을 준비하면서 따로 특별한 '비자'는 없다. 타 국가들과 달리 은퇴이민 등으로 투자금을 받고 영주권을 발급해주는 제도는 없다. 흔히 베트남 이민자들은 다양한 방식으로 비자 연장 발급을 받아 생활한다. 일반적으로 베트남은 15일 이내 단기여행은 비자가 필요없다. 단, 15일 이상 무비자 방문을 허용하지 않으므로 무비자 체류 기간을 초과해 베트남에서 머물길 원한다면 비자가 반드시 필요하다.

베트남은 2017년 2월부터 정해진 외국인들을 대상으로 전자비자 제도를 시작했다. 베트남은 사회주의 국가인만큼 비자 제도가 언제 바뀔지 모르고 기존 비자 제도도 갑자기 사라지므로 정기적으로 최신 정보를 입수하는 것이 중요하다.

최근 베트남 비자 갱신제도가 베트남 국회를 통과했다. 베트남 당국은 한국인이 무비자로 베트남에 재입국할 수 있는 30일 경과 규정을 철회하기로 했다. 과거에는 베트남에 15일 동안 머물고 기간이 지난 후 무비자로 베트남에 재입국하려면 30일이 경과해야만 가능했다. 베트남 비자면제 조치를 이용해 베트남에 재입국할 경우, 이전 출국일 기준 재입국일까지의 기간이 '30일 이상이 되어야 한다'라는 규정은 폐지된다. 위의 30일 경과 규정 폐지는 아직 시행되지 않고 있지만 곧 시행될 것으로 보인다. 현재는 무비자 15일 이상 또는 30일 이내 재입국이 허용되지 않고 있다.

베트남 국회는 외국인의 출입국·경유·거주법 일부의 개정·보완 법률을 83.6%의 찬성 다수로 가결했다. 2020년부터 7월 1일부터 시행되는 법안은 외국인의 베트남 숙박 편의와 관련해서도 새로운 규정이 포함되어 있다.

베트남 공안부는 2001년 혼숙 관련 법률을 지정했다. 간단히 말해 가족이 아닌 미혼 남성이 여성과 동침하면 안 된다는 법안으로 매춘, 마약, 도박 등을 미연에 예방할 목적이었다. 법률만으로는 베트남에서는 혼숙이 불가능하지만 이번 법안의 새로운 규정을 통해 이 부분까지 완화될 것으로 보인다. 특히 이번 개정에서 주목할 점은 취업 업체와의 고용계약에 따른 외국인 비자 문제다. 일반적으로 베트남에서 일을 시작하고 나중에 노동허가증을 취득한다. 이때 입국 목적에 맞는 비자 갱신을 위해 일단 출국한 후 재입국이 필요했는데 이제 이런 번거로움이 사라지게 되었다. 베트남에 투자하는 외국인 투자자에게 교부되는 체류(거주증) 카드의 유효기간도 최대 10년까지 연장된다.

영주권 · 시민권 취득은 불가능한가?

　　결론부터 말하면 베트남에서 영주권과 시민권을 취득할 수는 있지만 과정이 까다롭고 어려워 많은 사람들이 포기하고 비자로 눈을 돌리고 있다. 필자도 13년 동안 베트남에 거주하면서 노동비자와 자체 법인을 만들어 투자 비자로 지내고 있다. 법인 설립도 어렵지 않아 많은 사람들이 선택하는 방법이다. 영주권(Permanent Residence Status; The Thuong Tru)을 취득할 수만 있다면 베트남 생활은 당연히 쉽고 편안하다. 베트남에서 사업하면서도 비자 문제로 골치를 앓는 분들이 많다. 필자도 비자를 매번 갱신해야 하는 번거로움을 느낀다. 베트남에 정착해 살아가는 사람들은 항상 비자문제로 걱정이 많다.
(비자에 관련된 부분은 언제든 한국의 '외교부'나 '베트남 대한민국 대사관'에 문의하여 확인하는 것이 좋다.)

　　영주권 취득의 가장 간단한 방법은 베트남인과 결혼하는 것이다. 과거에는 베트남인과 결혼해도 영주권 취득이 거의 불가능했다. 2015년 베트남 이민법이 개정되면서 '베트남에 만 3년 이상 거주하면서 베트남 국민의 배우자, 자녀, 부모'의 조건을 충족하면 영주권 신청이 가능해졌다. 영주권 유효기간은 10년이며 10년마다 갱신해야 유지되므로 여러 제약이 있다고 볼 수 있다. 원론적인 애기지만 영주권보다 시민권 취득이 당연히 더 까다롭고 어렵다. 시민권 취득은 다양한 조건이 있지만 가장 현실적인 방법을 말해보고자 한다. 일반인의 가능 자격 조건은 '시민권 신청 당일까지 최소 만 5년 이상 영주권 소지'다. 이것을 위해서는 위에서 설명했듯이 베트남인과 결혼해 영주권을 유지해야 한다. 영주권과 시민권 취득이 불가능한 것은 아니지만 베트남인과의 결혼이 필수 요소임을 알아두어야 한다. 실제로 주위에서 살펴본 결과, 영주권과 시민권을 획득한 사례는 전무하다고 할 수 있다.

비자

베트남 입국 시 비자가 필요한 경우는 두 가지다.

1. 베트남에 15일 이상 체류할 예정이거나 1개월 이내에 재입국할 예정인 경우
2. 단순 관광이 아닌 출장이나 업무상 방문인 경우, 유학의 경우에도 비자가 반드시 필요하다.

비자 대상	발급 대상	유효 기간
DL	관광을 위해 입국하는 사람	3개월
HN	비영리적 회의 및 세미나에 참석하기 위해 입국하는 사람	3개월
VR	친척 방문 또는 기타 목적으로 입국하는 사람	6개월
DN	베트남 내 회사와 관련된 종사자	12개월
DH	실습 및 교육을 목적으로 입국하는 사람(유학)	12개월

비자 대상	발급 대상	유효 기간
NN1	베트남 내 국제기구, 외국 비영리법인 대표사무소의 소장 및 프로젝트 담당자	12개월
NN2	베트남 내 외국 기업 대표사무소 소장 및 지점장, 기타 외국 경제 · 문화 전문기관 대표사무소 소장	12개월
NN3	베트남 내 국제기구, 외국 비영리법인, 외국 기업 대표사무소와 지점, 기타 외국 경제 · 문화 전문기관의 대표사무소와 관련된 종사자	12개월
LD	취업을 위해 입국하는 사람	2년
DT	베트남 내 투자를 위해 입국하는 외국인 투자자와 베트남 내 취업을 희망하는 외국인 변호사	5년

– 베트남 비자의 종류

베트남 비자는 다양한데 20가지로 세분화되어 있다. 비자의 종류는 기간, 용도, 수취 방법 등에 따라 다양하다. 사용 목적에 따라 크게 상용비자와 관광비자로 나뉜다. 기간은 1~12개월까지 나뉘며 단기비자와 복수비자로 분류된다. 일반적으로 관광비자는 3개월까지만 발급이 가능하며 상용비자는 6개월, 12개월 비자 발급이 가능했지만 2018년 8월 13일부터 6~12개월 비자 발급이 중단되었다.

과거에는 베트남 기업 주재원, 자영업자들처럼 취업이나 비즈니스 때문에 베트남에 온 경우, 1~3년짜리 취업비자를 받았으며 길면 5년 미만 비자를 받을 수 있다. 장기 거주 목적으로 오는 경우, 최대 3개월짜리 관광비자나 최대 1년 거주가 가능한 복수 상용비자를 이용했다. 1년 이상 장기 체류를 원할 경우, 거주증(Temporary Resident Card; The Tam Tru)을 받으면 1~3년 동안 체류가 가능했다.

거주증을 취득하려면 취업비자나 외국 투자법인 비자가 필요하다. 취업비자를 받으려면 노동허가서와 거주증이 필요한데 이때 노동허가서를 받는 방법은 매우 까다롭다. 필요한 과정은 4년제 대학졸업증, 3~5년 경력증명서, 범죄경력 영문 증명서를 구비해 한국에서 공증받고 서울 광화문 외교부 여권과를 방문해 확인 도장을 받은 후 주한 베트남 대사관의 확인을 받는 것이다. 제출하는 졸업증명서는 졸업한 대학의 학과와 경력이 연관된 직업이어야 한다. 실제로 신청 가능한 사람은 10명 중 2~3명으로 적은 편이다.

외국 투자법인은 1~2년짜리 비자가 발급되며 투자금은 10억 동 이상이어야 한다. 이때 임대계약서를 먼저 쓰고 법인을 개설하지 않는 것이 중요하다. 법인을 개설할 때는 임대계약서를 쓰고 진행해야 한다. 법인 개설을 위해 임대계약서에 법인 설립을 위한다는 내용이 없으면 법인 설립이 불가능하다.

베트남에 취업해 노동허가증이 있거나 베트남에 법인을 설립한 외국인, 기타 장기 체류 필요성이 인정되는 경우 등 베트남에서 일하지 않으면 발급 조건이 제한적이었다. 일반적으로 베트남에 거주하는 교민들은 1년짜리 상용비자를 발급받아 생활했다. 1년 만기가 되면 추가 연장할 수 있는데 비자 기간 연장 및 갱신 등은 베트남 현지에 비자 관련 업무를 하는 한국인 회사들에서 쉽게 처리할 수 있었지만 위에서 언급했듯이 상용비자 기간이 대폭 줄었다. 장기 복수비자로 체류하는 사람들이 많았지만 외국인 체류 문제가 발생하면서 법을 까다롭게 변경했다. 이것도 법 체계가 언제 바뀔지 모르니 관심을 가져야 할 부분이다.

　베트남 이민을 준비하는 사람들이 자주 하는 질문 중 하나는 비자 문제가 언제 또 바뀔 수 있냐는 것이다. 베트남 사회는 외국인과 달러 유입이 일정 수준을 넘으면 문을 걸어 잠근다. 비자 관련 문제가 언제 다시 완화되거나 강화될지는 섣불리 속단하기 어렵다.

일반적인 상용비자 신청

비자 종류	조건
관광 30일 단수	30일 체류 가능 30일 유효 기간 내에 1회
관광 30일 복수	30일 체류 가능 30일 유효 기간 내에 다수 입국 가능
관광 90일 단수	90일 체류 가능 90일 내에 1회
관광 90일 복수	90일 체류 가능 90일 유효 기간 내에 다수 입국 가능
상용비자	비즈니스를 위해 발급받는 경우 관광 시 사용 가능

　단기비자의 경우, 1회성 비자로 유효 기간 내 재방문은 불가능하다. 복수비자는 다회성 비자로 유효 기간 내 재방문이 가능하다는 특징이 있다. 비자는 목적과 상황에 따라 신청 방법과 비용이 다르므로 본인에게 맞는 비자를 고민해야 할 것이다.

　베트남 이민을 결정하면 상용비자를 가장 많이 생각하게 된다. 상용비자는 장기 거주자에게 추천하는 비자로 제3국에 가지 않고 3개월씩 연장이 가능하기 때문이다. 상용비자를 신청하려면 회사 초대장

이 필요하다. 회사에서 정말 근무하는지 경찰에게 입증해 보여주어야
한다. 또한 상용비자를 선택할 경우, 거주지 미등록 또는 3개월 내 파
산할 회사를 하면 안 된다. 현재 6개월짜리, 1년짜리 상용비자는 불가
능한 상태이며 가능하다고 말하는 곳은 사기일 가능성이 높다. 관광
비자는 최대 연장이 1회, 1개월 동안 가능하다. 현지에서 관광비자를
상용비자로 교체할 경우, 최소 500달러 이상이 소요된다.

상용비자와 관련해 현지 경찰의 불시 비자단속도 공공연히 이루
어지니 특별히 신경써야 한다. 경찰에게 적발되면 벌금조치나 강제추
방, 출입국 제한에 걸릴 수도 있다. 다양한 페널티가 있어 안전한 상용
비자를 권하고 있다. 또한 상용비자는 왕복항공권이나 제3국행 항공
권 없이 편도 항공권만으로도 입국이 가능하다는 장점이 있다.

비자 신청 방법(장 · 단점)

수취 방법	대사관 방문		도착 비자		E-VISA	
기간 \ 용도	관광	상용	관광	상용	관광	상용
1개월 단수	○	○	○	○	○	×
1개월 복수	○	○	○	○	×	×
3개월 단수	○	○	○	○	×	×
3개월 복수	○	○	○	○	×	×
6개월 복수	×	×	×	×	×	×
12개월 복수	×	×	×	×	×	×

2018년 8월 13일 비자 발급 중단, 확인 필요

베트남 비자 신청은 수취 방법에 따라 3가지로 분류된다.

    1. 베트남 대사관 방문

    2. 온라인 E-Visa 직접 신청

    3. 도착 비자(대행사를 이용한 신청)

1) 대사관 비자 신청 방법

직접 대사관을 방문해 신청

- **준비물**

  여권, 여권용 사진(4*6), 입국일자, 입국 도시, (초청장)

- **장점**

  출국 전 모든 준비가 가능하며 즉시 입국심사가 가능하다.

- **단점**

  비자 신청비용이 상대적으로 비싸다.

  직접 베트남 대사관을 방문해야 하며 구비서류가 많다

  (베트남 대사관: 서울특별시 종로구 삼청동 북촌로 123).

  발급에 비교적 긴 시간을 할애해야 한다.

2) E-Visa 신청

집에서도 인터넷 온라인 신청 가능

- **준비물**

  여권, 여권용 사진(4*6), 이메일 주소, 신용카드(25달러 지불)

- **장점**

  사이트를 통해 최대 30일 체류 관광비자 발급 가능

홈페이지 안내에 따라 직접 입력

상대적으로 저렴한 수수료

편리한 신청 방법

짧은 발급 기간(영업일 기준, 평균 3~5일)

- **단점**

직접 신청해야 하는 번거로움, 신청에 따른 잘못은 본인 책임, 종종 수정 요청을 받거나 누락된다.

E-Visa 수령이 가능한 베트남 공항은 8곳이다.(하노이, 호치민, 다낭, 후에, 나트랑, 하이퐁, 껀터, 푸꾸옥)

3) 도착 비자

현지 공항의 비자 카운터에서 발급한다.

공항 입국심사대로 향하기 전 'LANDING VISA ON ARRIVAL'로 가야 한다.

- **준비물**

여권 사본, 입국일자, 입국 도시, 이메일 주소, (초청장)

- **장점**

대행사를 통한 간편한 신청

신속한 접수와 당일 비자 발급 가능

- **단점**

입국심사대 통과 전에 발급받아야 한다.

입국 수속시간이 길어진다.

2011년 베트남에 첫 발을 디뎠다. 베트남에는 처형이 거주해 몇 번 오가는 정도였다. 한국에서의 사업도 힘들어지고 다른 길을 모색하던 중 베트남에서 사업을 시작하는 것이 좋겠다고 판단했다. 보양식 집을 차린 것은 3가지 이유에서였다. 첫째, 무더운 날씨에 착안해 몸보신용 음식을 고민했다. 둘째, 중국, 베트남, 한국은 보신탕 소비량이 많았다. 특히 베트남 북부는 보신탕 마니아가 많다고 하니 한국인뿐만 아니라 베트남인도 찾아올 수 있겠다고 생각했다. 셋째, 베트남에서 차별화된 식당이 무엇일지 고민했고 보신탕 식당이 없다는 것을 확인하고 아이템을 결정했다.

장사 시작 첫 1년 동안 아내와 둘이 많이 고생했다. 아내는 주방, 나는 홀을 맡아 열심히 일했다. 현지 직원들을 주방에 써보았지만 보신탕 고유의 맛을 알지 못해 자칫 신경을 쓰지 않으면 베트남 스타일의 국물로 변해버려 어쩔 수 없이 우리 부부는 주방까지 지속적으로 관리해야 했다.

개업 당시에는 입소문이 나지 않아 매우 힘들었다. 하루에 두 그릇만 팔거나 아예 손님이 없는 날도 많았다. 특히 베트남어 구사가 어려워 장을 보러 가서 바가지를 쓰기도 했다. 게다가 상인들이 좋은 부위는 잘 내주지 않으려고 하니 언어 습득이 급선무였다. 이곳에서 사업하면서 어려웠던 점은 베트남 법령이었다. 세법이 따로 있다고 보기도 어렵고 스스로 해결해야만 했다. 특히 수시로 정책이 바뀌어 그에 대비하고 정보를 찾아보는 것은 아직도 어려운 부분이다.

베트남에서 장사하는 분들의 이구동성은 현지 직원 관리의 고충인데 나도 공감하는 부분이다. 현지 직원들은 인간적으로 잘 대우해 준다고 말을 잘 듣거나 일을 잘하는 것이 아니었다. 좋은 대우도 필요하지만 나태해지지 않도록 옆에서 지켜보며 관리하는 것이 매우 중요하다고 나는 생각한다. 잠시 자리를 비우거나 사장 자신이 나태해지면 어떻게 눈치챘는지 직원관리가 금방 힘들어진다. 솔직히 이 부분은 외국인의 한계라고 생각한다. 베트남 직원들은 베트남인이 오너로 있으면 눈치도 많이 보고 일도 열심히 한다고 들었다. 그만큼 외국인을 무서워하거나 어려워하지 않는 탓일 것이다.

베트남에서 사업할 준비 중이라면 사업 종류 결정도 주목할 부분이지만 직원관리도 신경쓰는 것이 좋다.

자녀 교육을 위해 베트남을 찾는 사람들

최근 동남아 국제대학으로 눈을 돌리는 학부모가 늘고 있다. 특례입학으로 국내 명문대 진학이 쉽기 때문이겠지만 특례입학만 목적으로 베트남에 온다면 생각만큼 쉽지 않을 수도 있다. 보통 베트남 내 대학을 생각하기보다 특례입학 전형을 활용해 서울 소재 4년제 명문대를 목표로 한다.

VIETNAM

Chapter 04

자녀 교육을 위해
베트남을 찾는 사람들

최근 동남아 국제대학으로 눈을 돌리는 학부모가 늘고 있다. 특례입학으로 국내 명문대 진학이 쉽기 때문이겠지만 특례입학만 목적으로 베트남에 온다면 생각만큼 쉽지 않을 수도 있다. 주변에서 자녀를 고등학교에 진학시킨 학부모를 자주 본다. 보통 베트남 내 대학을 생각하기보다 특례입학 전형을 활용해 서울 소재 4년제 명문대를 목표로 한다. 특례입학은 한국에서의 입시경쟁보다 어렵지 않은 것은 사실이지만 이 또한 본인의 의지에 따라 달라진다.

일반적으로 베트남 사립학교에서는 영어와 베트남어로 수업한다. 공부에 관심이 없으면 영어든 베트남어든 제대로 구사하지 못하고 모국어인 한국어 실력까지 떨어지는 난감한 상황을 종종 본다. 특례입학에 초점을 맞추어 베트남에 온 경우, 자녀가 학교생활 적응에 실패할 가능성도 있다. 학업과 사교육에 대한 스트레스가 한국보다 적은 것은 분명하지만 이곳에서도 한국인 사이에서는 치열한 입시경쟁이 벌어지고 있다. 더욱이 특례입학을 생각하는 학부모라면 초기부터 요령 있는 준비가 필요하다. 더불어 호치민시 한국 국제학교는 넘치는 입학 수요를 감당하지 못해 국제학교에 입학하지 못하는 경우도 흔하다.

베트남인들의 교육열은 한국인 못지않다. 등·하교 길에 늘어선 엄청난 수의 픽업용 오토바이들을 보면 알 수 있다. 하노이의 명문 초등학교(수학 노벨상이라는 필즈상 수상자를 배출한 특응히엠(Thuc Nghiem))는 입학원서를 구하려는 예비 학부모들이 몰려들어 철제 정문이 쓰러지기도 했다. 유치원 등록을 위해 밤샘 줄서기를 마다하지 않는 학부모도 볼 수 있다. 명문 중학교나 고등학교 입학 경쟁도 만만치 않다. 호치민시 명문학교인 레퀴돈 고등학교나 레홍퐁 고등학교, 사립학교인 응웬 쿠엔 고등학교는 치열한 입학 경쟁이 벌어진다.

베트남 유력 신문 중 하나인 탄니엔(청년)이 호치민, 하노이, 하이퐁 등 6대 도시의 140여 개 초등학교 학생을 대상으로 설문조사한 결과, 74.6%가 사교육을 받고 있다고 응답했다. 사교육 장소는 선생님 자택 39.6%, 학원 16.3%, 학교 14.1%, 집 13.5% 순으로 나타났다. 베트남의 가구당 사교육비는 한국 돈으로 월 약 20만 원이지만 그들의 소득수준을 감안하면 상당한 액수다.

교육

　베트남의 교육환경은 나날이 진화하고 있다. 현재 베트남은 교육 개혁이 진행 중이다. 고등교육은 과학 실용화와 기술보급, 직업훈련에 중점을 두고 이루어지고 있다. 기본적으로 베트남 학교 입학은 한국과 비슷하면서도 약간 다른 측면이 있다.

　교육수준의 질적 향상은 국가의 발전을 보여주는 지표가 되기도 한다. 대한민국이 선진국으로 도약할 수 있었던 원동력으로 바로 높은 교육열, 즉 학구열을 꼽을 수 있다. 자녀들의 입시에 대해 관심을 갖게 되면서 우수한 인재를 키워나갈 수 있었다.

　베트남의 교육열은 과열되는 양상이다. 가정마다 개인에 대한 교육 투자가 이루어질 뿐만 아니라 국가가 나서서 국가성장형 엘리트를 만들기 위해 힘쓰고 있다.

　베트남은 초등교육이 의무화되어 있으며 현재 대학진학률은 25% 내외를 보이고 있다. 대학 진학률에 대한 수치는 우리나라가 개발도상국에서 선진국 반열에 오르기 직전이던 1980년대 상황과 비슷하다고 할 수 있다. 베트남의 교육수준에 대한 인식과 교육열의 성장은 중국과 비슷한 수준을 보이고 있다.

　하지만 여기서 문제가 없는 것은 아니다. 교육수준은 높아지고 있는 반면, 인재를 양성할 대학이 부족하다. 고등학교 교육까지는 체계적인 시스템이 잘 갖추어진 상태이지만 대학교육 수준은 아직 낮은 실정이다.

중국의 경우, 세계적인 대학들이 포진해 있고 해외 유학도 활발히 이루어지고 있다. 중학교 교육 과정부터 한국에서도 중국으로 유학보내는 것만으로도 확인할 수 있는 사항이다. 고위관료와 공산당 고위당원들조차 상당수가 자녀를 해외로 유학보내고 있지만 서민들의 유학은 이루어지지 않고 있다. 즉, 그들만의 교육 리그가 펼쳐지며 격차가 발생하고 있는 것을 확인할 수 있다. 현재 베트남 내에서는 한국의 대학 순위별 선 긋기와 같은 현상이 벌어지고 있는데 출신 고등학교로 차별하는 현상이 벌어지고 있다.

2019년 베트남 대학은 454개, 4년제 235개 교에 약 177만 명, 전문대학 219개 교에 약 45만 명이 재학 중이다. 또한 대학 진학은 도시 위주로 이루어지고 있으며 농촌은 10% 내외의 진학률을 보인다. 특히 해외로 유학을 떠난 베트남 학생들의 경우, 자국으로 돌아올 생각을 하지 않고 있는 것도 문제로 대두되고 있다. 엘리트 유출은 국가적 손실이 아닐 수 없다.

물론 현재 베트남의 대학 문제가 큰 쟁점으로 떠오르고 있다. 그러나 대학 경쟁이 치열해지고 있는 상황에 대비시켜 생각해보면 대학교육의 향상이 기대된다. 현재 베트남에서 '재수' 개념은 거의 찾아보기 힘들다. 대학 진학에 실패하면 일자리를 찾거나 다른 진로를 모색하는 셈이다. 지금은 생산적인 노동이 집약적이기 때문에 이런 일들이 발생하고 있지만 대학 졸업자와의 임금 격차가 벌어지고 있기 때문에 대학교육 향상은 당연히 이루어질 것으로 보인다.

학교 급	학령 및 교육기관
유아원	생후 3개월~3년
유치원	3~5세(3년)
초등학교	6~10세(5년)/1~5학년
중학교	11~14세(4년)/6~9학년
고등학교	15~17세(3년)/10~12학년
기술학교	중학교 졸업생 대상 3~4년 과정의 기술고등학교 과정 고등학교 졸업생 대상 2~2.5년의 기술전문학교 과정 4년제 기술학교 과정
대학	준 학사(전문대학) 과정(3~3년 반) 학사 과정(4년), 약대(5년), 의대 · 치대(6~7년) 석사 과정(2년), 박사 과정(2~4년)

베트남의 학제는 유아원, 유치원, 초등학교, 중학교, 고등학교, 기술학교, 대학으로 나뉜다. 유아원 및 유치원은 정규교육 과정으로 의무교육은 아니다. 유아원은 생후 3~4개월에 시작해 3년 과정이고 유치원은 3~6세까지 재학이 가능하다.

베트남의 정규교육은 5-4-3-4학제로 구성되어 있다. 공립, 준 공립, 사립, 민간학교 체제로 운영되며 사립학교는 지역에 따라 차이가 있지만 전체의 10~25%를 차지한다. 주5일 수업이 원칙이지만 직장인 부모를 위한 특별프로그램을 운영한다. 베트남의 대부분 학교들은 공립으로 주정부 세금으로 설립, 관리되고 있다. 학비는 베트남 국민의 평균소득 수준에 따라 저렴한 편이다. 준 공립학교는 사회나 기업체 조직과 공동으로 주정부에 의해 설립된다. 사립학교는 개인들의 그룹에 의해 설립, 관리되고 있다.

사립학교의 학비는 1년에 40,000달러로 비싼 편이다. 이것은 학비가 저렴한 공립학교와 확연한 차이가 난다. 사립학교는 학비가 비싸지만 인프라와 시설투자 수준이 높고 현대적이라는 장점이 있다. 공립학교의 평판은 좋은 편이지만 교육시설과 연구자료가 부족하다는 단점이 있다. 그렇다고 사립학교가 베트남에서 인기가 높은 것은 아니다. 베트남의 사립학교는 비싼 학비 때문에 학생 부족이라는 곤란을 겪고 있으며 학업성취도가 낮다는 지적도 받고 있다.

공립학교는 학급당 학생 수가 많은 편이다. 하노이에는 학급당 50~60명인 학교들이 많으며 교사 주도의 일제식 수업, 공부 내용을 반복해 쓰고 외우는 수업방식이 주로 사용된다. 사립학교는 18~25명으로 입학 및 재학생의 인원 제한을 두고 있다.

학제별 특징

- 초등학교: 6~10세, 5년(1~5학년), 의무교육, 정부 무상 제공
- 중학교: 11~14세, 4년(6~9학년), 의무교육, 정부 무상 제공
  중학생은 상급학교 진학을 위해 우수반에 들어가려는 경쟁이 매우 치열하다. 진학하지 않는 학생은 국영기술학교에서 직업교육을 받은 후 사회로 진출한다.
- 고등학교: 15~17세, 3년(10~12학년)
  일반 고등학교와 별도로 전국에 약 200여 개의 특수

학교가 있으며 자연과학, 사회과학, 기술과학 등으로 나누어 집중교육을 실시한다.

- 기술학교: 중학교를 졸업하고 3년 과정의 기술고등학교 과정을 마치면 취업하거나 기술전문학교(3년) 또는 기술학교(4년)에 진학하며 졸업 시 기술사 자격증을 취득한다.
- 대학 교육: 3년 과정 전문대학, 4년제 종합대학, 대학원 등

1993년 말부터 우수대학 육성책으로 하노이 국립대학, 호치민 국립대학, 타이응웬대학, 후에대학, 다낭대학 등 5개 종합대학이 설립되어 있다. 대학에 입학하려면 입학시험을 치러야 하며 필수과목은 수학, 영어, 문학 등 4개 과목이고 대학 학과별 추가 과목에 응시하게 된다. 최근 베트남의 대학 진학 규모는 약 120만 명의 수험생 중 약 40만 명이다.

학사 일정

학기는 2학기로 나뉘며 한국과 달리 8월말, 9월초에 새 학기가 시작된다. 겨울방학은 설날을 기준으로 약 2주다. 여름방학은 매년 6월 1일부터 8월 30일까지 3개월로 정해져 있지만 학교와 지역 사정에 따라 2개월로 축소 운영되기도 한다. 초등학교는 오전 7시~7시 30분까지 등교하고 오전 11시 반에 학교나 집에 가 점심식사를 하고 오후 1시 반까지 낮잠을 잔다. 오후 1시 40분쯤 수업이 시작되어 4시쯤 마무리된다. 일부 학교는 교사나 강사가 방과 후 수업을 진행하기도 한다.

수업시간은 초·중학교는 35분, 고등학교는 40분, 휴식시간은 보통 10분이다. 중간에 약 20분의 휴식시간이 주어지며 이 시간을 이용해 중간 놀이체조를 하거나 간식을 먹기도 한다. 학교에서 배우는 과목은 국어, 수학, 사회, 과학, 음악. 미술, 체육 등으로 우리나라와 비슷하며 모든 과정에서 베트남어와 문법의 비중이 높다. 고등학교로 올라가면 수학과 물리학의 주당 수업시간 수가 타 과목보다 눈에 띄게 증가한다.

입학

베트남 내에서도 명문대 진학을 위한 경쟁은 매우 치열하다. 고등학교 졸업시험을 통과한 학생 중 대학 입학 희망자는 매년 6월 베트남 대학 수학능력시험에 응시해야 한다. 시험은 비슷한 과목을 치르는 학생들이 그룹을 이루어 치르며 선택 과목은 지원자가 대학에 신청한다. 대학별 원서접수 가이드라인이 있으며 고등학교 졸업자에 한해 응시자 연령 제한은 없다. 자연과학과 경영 분야에 특화된 무역대, 경영대, 공대는 입학이 어렵고 경쟁률도 높다. 시험은 보통 80%가 서술형이며 나머지는 4지선다형으로 출제된다. 1지망 학교 불합격자는 커트라인이 낮은 학교 중에서 점수와 기준에 따라 선택하며 합격자는 등록한 후 9월 학기를 시작한다.

대학의 경우, 하노이, 호치민, 다낭 등 지역별로 국립대가 교육훈련부 산하에 있으며 대부분 별도의 시스템을 갖추고 분야별로 배치되어 있다. 예를 들어, 인문사회대, 공대, 자연과학대, 법과대, 의대, 음대,

교육대 등은 종합대학이지만 별도로 각 지역에 흩어져 독립적으로 운영된다. 이중 북부 하노이 공대, 남부 호치민 경제대와 공대 등이 규모와 인지도에서 명문대로 평가받고 있다. 교통부 산하 호치민 교통대학, 은행대, 건축대, 무역대 등은 수준이 높고 졸업 후 취업이 잘되는 대학으로 특수목적 대학으로 분류된다.

위에서도 언급했듯이 베트남의 학교는 공립학교, 사립학교, 국제학교 등으로 분류할 수 있다. 한국인들은 대부분 사립학교와 국제학교 중에서 선택해 입학시킨다. 사립학교는 이중언어(bilingual) 학교에 속한다. 학교에서 베트남어와 영어를 수업하면 더 좋은 거라고 생각할 수도 있지만 사립학교의 경우, 일부 영어과목 수업이 이루어지는 형태로 대부분의 수업은 베트남 현지 교사가 진행한다는 것을 알고 있어야 한다. 그렇다고 무턱대고 국제학교를 선택할 수는 없는 노릇이다. 국제학교는 기본적으로 영어가 가능해야 한다. 베트남어도 익히지 못한 상태에서 국제학교를 다니면 베트남 내 생활도 어려워질 수 있다는 점을 고민해보아야 한다. 선택의 차이는 있지만 초등학교부터 다닌다면 사립학교에서 베트남어를 익히고 중학교는 국제학교에 입학할 것을 추천한다.

국제학교에 입학시키기 전에 우선 학교들을 한 번씩 찾아가보는 것이 좋다. 구글에서 학교 이름을 검색하면 위치와 평점까지 나와 있으니 참고자료가 될 만하다. 구글에서 검색하길 원한다면 원하는 학교 이름을 영문으로 찾아보아야 한다. 학교별로 공식 홈페이지를 운영 중이므로 학교정보 습득에 유용하다. 홈페이지에서는 학사 일정, 학년 구분, 학비, 커리큘럼 정보를 확인할 수 있다. 학비는 매년 인상

되는 추세이며 이듬해 학비가 공시되어 있지 않다면 5~7% 증가를
예상하면 된다. 베트남 학교는 학년별 배정 규정이 다르고 국적별 인
원 제한이 있으므로 우선 이메일로 문의해보는 것이 좋다. 국제학교
는 크게 유치원부터 고등학교 전 과정이 있는 학교와 초등학교와 유
치원만 갖춘 학교로 나눌 수 있다. 두 학교의 최대 차이점은 시설과
규모다. 전 학년이 다니는 국제학교는 각종 체육시설, 실험실, 음악실,
부대시설, 프로그램이 다양하다. 대입까지 고려한다면 프로세스가 잘
갖추어진 '큰 학교'에 입학하는 것이 유리하다. 초등학교와 유치원만
있는 소규모 학교는 인원이 적어 가족 같은 분위기라는 장점이 있으
며 학비도 저렴하다. 대규모 국제학교에 비해 상대적으로 소박한 느
낌이 강하지만 낯선 환경에 적응하는 데는 더 쉬워 보인다.

국제학교는 국적별 쿼터가 있어 한국인 자리가 잘 나지 않는 학교
도 있다는 것을 명심해야 한다. 한국인이 가장 많이 거주하는 7군의
대규모 국제학교는 입학이 매우 어렵다. 수십만 원의 전형료를 내고
시험을 치르더라도 입학 허가가 언제 날지 알 수 없다.

하노이시 한국 국제학교는 최근 2020학년도 초등학교 1학년 입
학생 105명 모집 공고를 냈다. 입학 지원자가 400명에 육박한다고
보면 턱없이 부족하다. 학교 측은 3학년과 5~6학년은 선발하지 않
고 2학년과 4학년도 각각 1명과 2명만 받는다고 밝혀 학부모들을 애
타게 만들었다.

호치민시 한국 국제학교도 상황이 다르지 않아 학생 수 증가 때문
에 교사 증축이 있었다. 교사 증축이 허가문제로 지연되어 현재 200

명 이상이 입학 대기 중이다. 지난 5월 중학교 1학년과 고등학교 2학년 편입생을 각각 1명씩 모집한다고 밝혔는데 수십 명이 치열한 경쟁을 벌였다.

호치민 소재 국제학교

	교육 과정	학사 일정	등록금	학비	기타
EIS	유, 초, 중, 고	2학기(4분기) 8월 12일~12월 13일 1월 6일~6월 13일	미취학 약 750 취학 약 1,500	EIS	유, 초, 중, 고
AIS	유, 초, 중, 고	2학기(4분기) 8월 15일~12월 23일 1월 7일~6월 26일	유 약 1,500달러 초·중 약 3,000달러 고 약 1,500달러 유치원생이 초등 과정 진급 시 입학금 약 1,500달러를 납부해야 함	유 약 9,000 초,중,고 약 17,000~ 19,000	스쿨버스비 약 1,000~1,200/연 유치원, 초등학교는 급식비가 수업료에 포함됨
BIS	유, 초, 중, 고	3학기(학사일 180일) 8월 26일~12월 18일 1월 8일~3월 28일 4월 14일~6월 27일	유 약 1,000 초·중 약 3,030	유 약 8,400~13,800 초 약 17,800~18,300 중·고 약 20,350~ 23,300	학비에는 책, 교복, 당일 견학비 용, 초등 점심 (중·고등은 제외) 해외 시험 응시료가 포함됨
CIS	유, 초, 중, 고	2학기 8월 1학기 시작 1월 2학기 시작	유 약 1,050 초 약 1,250 중 약 1,600	유 약 7,900 초 약 12,300 중 약 14,900 고 약 17,700	
EIS	유, 초, 중, 고	2학기(4분기) 8월 12일~12월 13일 1월 6일~6월 13일	미취학 약 750 취학 약 1,500	미취학 약 8,000 (과정별로 상이) 초·중·고 13,000~18,000	4월 26일(토요일) 9~12시 Open Day가 열리며 캠퍼스 행사 및 입학 상담 가능
ISHCMC	유, 초, 중, 고	2학기(4분기) 8월 11일~10월 17일 10월 27일~1월 16일 1월 19일~3월 25일 3월 31일~6월 21일	약 1,200	유 약 6,900~12,400 초 약 16,900~18,300 중 약 21,000~21,900 고 약 25,000	
ISSP	유, 초, 중	2학기 8월 11일~1월 16일 1월 19일~6월 12일	약 1,201	유 약 8,300~9,400 초 약 12,300	

	교육 과정	학사 일정	등록금	학비	기타
SIS	초, 중, 고	2학기 8월 15일~1월 15일 2~5월	약 1,000	초 약 10,200 중 약 11,900 고 약 12,500~ 14,000	
SSIS	유, 초, 중, 고	13~14년 2학기: 1월 6일~ 6월 12일 14~15년 1학기: 8월 13일~ 12월 29일	없음	EC 3.4 12,356 KG 14,122 G1~G5 18,989 G6~G8 20,101 G9~G10 21,064 G11~G12 23,394	세 명 이상의 자녀가 재학 시 셋째 자녀는 학비 20% 감면, 스쿨버스비, 급식비는 신청 시 별도 납부
SIKS	유, 초	2학기 유 3월3일~7월18일 8월4일~2월17일 초 3월3일~7월18일 8월25일~2월13일	유(한국인) 약 300 유(국제반) 약 500 초 약 500	유(한국반) 약 250~290 유(국제반) 약 280~380 초 약 420 각 3개월분	
KIS HCMC	유, 초, 중, 고	3월 입학, 1학기 시작 7월 방학~ 8월 2학기 시작	유 약 500 초 약 1,500 중 약 1,500 고 약 1,500	유 약 660 초 약 600 중 약 720 고 약 810 각 3개월분	두 명 이상의 자녀가 재학할 경우, 유치원생을 제외하고 둘째 자녀의 학비 10%, 셋째 자녀의 학비 20%를 신청에 의해 감면
RISS	유, 초, 중, 고	2014~2015학년도가 2014년 8월 15일 시작	EV 약 1,000 Pri-Scon 약 2,000	각 학년별로 다르므로 자세한 내용은 홈페이지 참조	
TAS	유, 초, 중, 고	2학기 8월 1학기 시작 1월 2학기 시작	유 약 950 초 약 1,400 중·고 약 2,150	유 약 5,200~9,450 초 약 10,400 중 약 11,300 고 약 12,450	

ABC 국제학교

설립 시기: 1995년

재학생 규모: 750여 명

재학생 연령: 2~18세(대학 진학반)

ABC 국제학교는 COBIS(영국 국제학교협의회)가 인정한 베트남 유일의 국제학교로 영국 국정 커리큘럼을 시행하고 있다. 학생 개개인이 영국의 바람직한 전통인 예의, 인성, 학문에 대한 열정을 갖추도록 교육시키고 있다.

AIS 호주 국제학교

설립 시기: 2006년

재학생 규모: 약 1,200명

재학생 연령: 2~18세

AIS 호주 국제학교는 영국 학제 시스템으로 운영되고 있다. 정규 과정 외
에도 방과 후 활동, 공연, 행사 등 다양한 창의활동 프로그램을 진행한다.
중 · 고등학교부터 설립되었으므로 국제대학 진학을 계획하는 분들에게
좋은 학교다.

BIS 영국 국제학교

설립 시기: 1997년

재학생 규모: 약 2,000명

재학생 연령: 2~18세

BIS 영국 국제학교는 베트남에서 오랜 역사를 지닌 학교 중 하나다. 3개
캠퍼스를 운영 중이며 호치민에서 인기 높은 학교 중 하나다. 한국인 학생
들이 많은 편으로 영국 내 유명 대학에 다수 진학했다.

SIS 싱가포르 국제학교

설립 시기: 2004년

재학생 연령: 2~18세

SIS 싱가포르 국제학교는 국제학교 중에서 가장 많은 캠퍼스를 보유하고
있다. 총 15개 캠퍼스가 있고 전학을 가더라도 동일 커리큘럼으로 교육이
가능하다.

CIS 캐나다 국제학교

설립 시기: 2009년

재학생 규모: 약 1,300명

재학생 연령: 2~18세

CIS 캐나다 국제학교는 캐나다 본토와 동일한 양질의 교육을 제공한다. 2012년부터 학생들이 OSSD 학위 외에도 다양한 선택권으로 IB 디플로마 프로그램을 채택해 2014년부터 이 과정을 밟을 수 있다.

EIS 유럽 국제학교

설립 시기: 2014년

재학생 연령: 13~18세

EIS 유럽 국제학교는 SMS 영어를 매개체로 수업을 진행한다. IB 디플로마 프로그램으로 수업이 진행되며 선진 학습 프로그램과 스위스 교육 과정을 도입했다.

르네상스 국제학교

설립 시기: 2007년

재학생 규모: 약 600명

재학생 연령: 2~18세

르네상스 국제학교는 영국 국제학교와 동일한 교육 과정을 제공한다. 영어, 프랑스어, 중국어, 한국어, 베트남어를 사용하게 된다. 학급당 학생 수는 최대 22명으로 학생:교사 비율은 9:1로 소규모로 유지되고 있다.

호치민시 국제학교

설립 시기: 1993년

재학생 규모: 약 1,000명

재학생 연령: 2~18세

호치민시 국제학교는 글로벌 사회에서 신속히 적응할 수 있는 지적, 사교적 기술 습득을 지향한다. 개인의 잠재력 발휘를 위한 독특한 학습 방법으로 정평이 나 있다.

사이공 펄 국제학교

설립 시기: 1993년

재학생 규모: 약 1,000명

재학생 연령: 2~18세

호치민시 한국 국제학교

설립 시기: 1998년

재학생 규모: 약 1,000명

재학생 연령: 2~18세

한국 국제학교의 초등 과정은 국어교육 등 한국인의 정체성 함양을 위한 교과 과정이 있다. 복수 담임제를 통한 영어 코칭과 현지어 교육이 이루어진다. 한국 소재 대학 진학이라는 현실을 반영해 대학수학능력 함양에 중점을 두고 있다.

이밖에 미국 국제학교, 싱가포르 국제학교, 남 사이공 국제학교, 별빛 국제학교 등 다양한 학교들이 있다.

베트남 대학 입학

베트남 소재 대학에 입학하려면 4월 중순~5월 중순 원서 접수 후 7월경에 베트남어 능력시험을 치러야 한다. 베트남어는 중요한 입학 요건으로 입학을 위해 학교부설 어학센터에서 6개월~1년 코스의 어학 과정을 밟기도 한다. 고등학교 졸업증명서를 베트남 내에서 공증받아 제출하고 소정의 테스트를 통과하면 입학할 수 있다. 베트남 소재 대학은 외국인에게 모든 학과를 개방하지 않으며 어학원 성적과 규정에 따라 학과가 제한되거나 선택의 폭이 좁아질 것으로 보인다. 보통 학비는 학교와 학과에 따라 다르지만 1,300~1,800달러다.

호치민 인사대

구비 서류

입학지원서, 고등학교 졸업증명서 2부, 여권 사본 2부, 사진 3장(3*4 2장, 4*6 1장), 수험료 약 30만 동. 입학금은 1년(한 학년) 단위로 1,350~1,600 달러

접수 기간

4월 중순~5월 중순. 7월 초 베트남어 능력시험 후 8월 초~중순 합격 여부 결정

하노이 인사대

구비 서류

입학지원서, 고등학교 졸업증명서, 고등학교 성적증명서(베트남어 또는 영어 공증사본 필수), 베트남어 능력시험 성적표(베트남어 능력증명서가 없

을 경우, 학교에서 시행하는 베트남어 시험에 통과해야 한다.), 건강검진증
명서, 재정확인서(등록금 납부 가능 재정 확인용), 여권용 사진 4장. 등록
금은 학년당 1,200달러

접수 기간

4월 중순~5월 중순. 7월 초 베트남어 능력시험 후 8월 초~중순 합격 여부
결정

호치민 사범대 국문학과

1년 단기와 4년 학사 프로그램

구비 서류

고등학교 졸업증명서(공증 있는 영어본), 건강진단서, 여권 사본, 시험신청
서용 사진 3장, 수험료 50만 동. 1년 학비는 1,300달러

접수 기간

베트남어는 간단한 대화 가능 여부 테스트. 6월 서류 접수, 7월 테스트 후
9월 입학

베트남 대학 수는 14~15년 동안 2배가 늘어 현재 480여 개가 되
었지만 수험생 수는 2001년부터 줄곧 약 110만 명으로 크게 늘지 않
았다. 480여 개 대학 중 1/5은 정원의 14%도 채우지 못하고 있다. 사
립대학들의 신뢰할 수 없는 학업 프로그램과 빈약한 학교시설, 대중
에게 어필하지 못하는 낮은 교육의 질이 가장 큰 원인이다. 학생들은
명성과 저렴한 학비 때문에 공립대학을 선호하고 있다.

연번	지역	구분	학교명
1	1군	초등학교	Trường Tiểu học Hòa Bình
2	1군	초등학교	Trường Tiểu học Kết Đoàn
3	1군	초등학교	Trường Tiểu học Đinh Tiên Hoàng
4	1군	초등학교	Trường Tiểu học Lê Ngọc Hân
5	1군	초등학교	Trường Tiểu học Chương Dương
6	1군	초등학교	Trường Tiểu học Trần Hưng Đạo
7	1군	초등학교	Trường Tiểu học Khai Minh
8	1군	초등학교	Trường Tiểu học Nguyễn Thái Học
9	1군	초등학교	Trường Tiểu học Nguyễn Thái Bình
10	1군	초등학교	Trường Tiểu học Trần Khánh Dư
11	1군	초등학교	Trường Tiểu học Trần Quang Khải
12	1군	초등학교	Trường Tiểu học Phan Văn Trị
13	1군	초등학교	Trường Tiểu học Nguyễn Bỉnh Khiêm
14	1군	초등학교	Trường Tiểu học Đuốc Sống
15	1군	초등학교	Trường Tiểu học Nguyễn Huệ
16	1군	초등학교	Trường Tiểu học Lương Thế Vinh
17	1군	초등학교	Trường Tiểu học Tư Thục Úc Châu
18	2군	초등학교	Trường Tiểu học Dân Lập Châu Á Thái Bình Dương
19	2군	초등학교	Trường Tiểu học An Khánh
20	2군	초등학교	NG QUỐC TẾ SAIGON STAR (SAIGON STARINTERNATIONAL SC)
21	2군	초등학교	Trường Tiểu học An Phú
22	2군	초등학교	Trường Tiểu học Giồng Ông Tố
23	2군	초등학교	Trường Tiểu học Huỳnh Văn Ngỡi
24	2군	초등학교	Trường Tiểu học Mỹ Thủy
25	2군	초등학교	Trường Tiểu học Nguyễn Văn Trỗi
26	2군	초등학교	Trường Tiểu học Thạnh Mỹ Lợi
27	2군	초등학교	Trường Tiểu học Nguyễn Hiền
28	3군	초등학교	Trường Tiểu học Đô Lương
29	3군	초등학교	Trường Tiểu học Kỳ Đồng
30	3군	초등학교	Trường Tiểu học Mê Linh

연번	지역	구분	학교명
31	3군	초등학교	Trường Tiểu học Lê Chí Trực
32	3군	초등학교	Trường Tiểu học Lương Định Của
33	3군	초등학교	Trường Tiểu học Nguyễn Sơn Hà
34	3군	초등학교	Trường Tiểu học Nguyễn Thái Sơn
35	3군	초등학교	Trường Tiểu học Nguyễn Thanh Tuyền
36	3군	초등학교	Trường Tiêu học Nguyễn Thi
37	3군	초등학교	Trường Tiểu học Nguyễn Thiện Thuật
38	3군	초등학교	Trường Tiểu học Nguyễn Việt Hồng
39	3군	초등학교	Trường Tiểu học sư phạm Phan Đình Phùng
40	3군	초등학교	Trường Tiểu học Phan Văn Hân
41	3군	초등학교	Trường Tiểu học Trần Quang Diệu
42	3군	초등학교	Trường Tiểu học Trần Quốc Thảo
43	3군	초등학교	Trường Tiểu học Trần Văn Đang

국제학교 학력이 인정되지 않는 경우, 검정고시를 따로 준비해야 할 수도 있다. 해외 학교의 경우, 정규학교 학력이 인정되지 않을 수도 있다는 점을 명심해야 한다. 한국에서 정식학교 인가를 받은 곳인지 정확히 확인하는 것이 중요하다. 베트남에서 학교를 다녔음에도 불구하고 자칫 학교를 다니지 않은 것처럼 학력 인정이 되지 않을 수도 있다. 학교 인가는 한국 교육부에서 정식학교 승인을 받았는지 여부다. 한국에서 학력이 인정되지 않는 사태를 미연에 예방하려면 자녀가 학교에 입학하기 전에 확인해보는 것이 좋다.

학력 인정 여부를 확인하는 방법은 비교적 간단하다. 교육부 웹사이트에 들어가 정식 인가 해외 학교 목록을 확인하면 된다. 자녀를 보내려는 학교가 목록에 있다면 문제가 없지만 그렇지 않은 경우라면 확인 절차가 필요하다. 학교 목록에 없다고 인가가 나지 않았다고 보기는 어렵다. 인가 여부는 국가 소재의 외교 공관에 문의하면 쉽게 확인할 수 있다.

한국으로 돌아가 초·중·고등학교로 다시 들어가는 경우, 베트남 내 학교를 다녔다는 학력 인정 서류를 제출해야 한다. 교육부에서 해당 학교가 정식으로 인가되었음을 확인해주므로 아포스티유 발급 또는 영사관 공증이 없어도 된다.

편입하려는 학교에 학적 서류를 제출하면 그것으로 학력이 인정된다. 단, 학적 서류는 한글이나 영문으로 작성되어야 한다. 학적 서류는 재학증명서, 성적증명서, 출입국 사실증명서, 귀국 이후 등본 서류 등으로 구성되지만 지역 교육청에 따라 원하는 구비 서류가 다를 수도 있으므로 전입지 교육청에 먼저 문의해보는 것이 좋다.

재외국민 특별전형 특례입학 3년·12년

재외국민 특별전형(또는 외국민 특례전형)은 상당 기간 동안 외국 학교에 재학해 학습 방향이나 환경이 대한민국 영내에서 공부하는 학생들과 현저히 달라 일반적인 방법으로 경쟁이 어렵다고 생각되는 학생들을 위한 대학입시 전형이다. 재외국민 전형은 크게 3년 특례(중·고교 과정 해외 이수자 전형)와 12년 특례(초·중·고 전 교육 과정 해외 이수자 전형)로 나뉜다.

3년 특례(중·고교 해외 이수자 전형)는 해당 대학 입학생 총 정원의 2%, 모집 단위별 입학 정원의 10% 이하를 정원 외로 선발하지만 전 교육 과정을 해외에서 이수한 학생들(12년 특례)과 탈북 새터민들은 대학을 마음대로 고를 수 있다. 3년 특례는 12년 특례와 달리 경쟁률이 있다. 특히 연세대, 고려대, 서강대, 성균관대, 한양대는 경쟁이 매우 치열하며 수시전형에 버금가는 난이도를 자랑한다. 서울 소재 명문대에 합격하려면 교외활동, 교내활동, 학교 성적, 공인시험 성적(SAT, IB, AP 등), 영어 성적(TOEFL, TEPS 등), 제2외국어 성적 등 필요한 서류가 많다.

12년 특례의 혜택은 엄청나다. 흔히 '신의 자식'이라는 말이 나올 정도다. 물론 12년 특례가 되려면 12년 동안 해외에서 공부해야 한다. 12년 특례 해당자들을 '전 교육 과정 이수자'라고 부르는데 보통 기간에서 3개월이 빠지면 자격이 박탈되지만 일부 대학은 6개월까지는 허용하기도 한다.

영국은 13년제 학제를 도입하고 있어 13년을 모두 수학하면 받아준다. 이 경우, 12년 특례는 해당되지 않기 때문이지만 이 또한 영국의 모든 학교가 적용되는 것은 아니다. 많은 학교가 영국제 Year 2~Year 13을 수학해도 받아주는 곳도 있다. Year 1을 유치원으로 보기 때문인데 이 점을 악용해 한국에서 2학년까지 다니다가 와서 12년 특례를 받고 대학에 가는 경우도 있다.

해당 전형은 부모의 해외 체류로 인해 학생이 불가피하게 함께 해외로 나오게 되어 정상적인 국내 커리큘럼을 따라가기 힘든 것을 고려해 만들어졌다. 따라서 3년 특례의 경우, 학생 혼자 외국에 나와 유학하는 것은 해당되지 않는다. 부모 중 최소한 한 명이 해외에서 함께 체류해야 한다.

재외국민 특별전형에서는 소위 '표준학력시험' 결과를 제출해 평가받는다. 이것은 수능시험과 같이 표준화된 시험으로 국내 고등학교의 학생부 내신이나 수능시험 성적과 비슷한 중요도를 나타낸다고 볼 수 있다. 여러 과목의 학업 수준을 평가하기 위한 '국제학교 교육 과정'과 '수능시험과 같은 학력시험', 어학능력을 평가하기 위한 '공인 어학시험'으로 구분된다.

국제 공인 학위는 국제적으로 고등학교 교육 과정을 마쳤다는 공인 학위를 받은 것으로 영국 중심의 A-Level과 미국 중심의 AP, 유럽 중심에서 전 세계로 뻗어가는 IB가 있다. 미국 아이비리그 대학들조차 'SAT+AP' 조합이 있는데도 IB를 더 인정하고 있다. 국내 대학들도 이 방향에서 크게 벗어나지 않고 있다. 서울대, 연세대, 고려대의 경우, IB 6과목 모두 7점 만점에 가까워야 안정적으로 지원할 수 있다.

– 부모의 회사 재직증명서, 법인 설립(개인사업자) 시점이 중요

약 160개 대학이 재외국민 특별전형을 시행하고 있지만 대학들마다 지원 방식, 조건, 자격 등이 천차만별이어서 입시 전문가들도 모르는 경우가 많지만 일반적으로 적용되는 특례입학 조건이 있으므로 이것을 숙지하는 것이 중요하다.

예를 들어, 자녀가 해외에서 초등학교부터 고등학교까지 7년 동안 거주했더라도 3년 특례가 적용되지 않는 사례가 있다. 이유는 간단하다. 부모의 재직 증명과 자녀의 거주 기간이 다르기 때문이다. 자녀가 10년 이상 해외에 거주했더라도 부모의 회사 재직증명서(재직 기간),

개인사업자(세금 납부증명서)가 특례 기간에 적용되기 때문이다. 3년 특례가 이루어지려면 3년 동안 부모와 자녀가 함께 해외에 거주해야 하고 부모는 회사 재직 사실을 증명해야 하고 학생의 재학 기간 등의 조합이 3년이 되면 3년 특례가 이루어진다. 만약 세 번의 법인세를 1월 초에 납입하고 자녀가 7월 초에 입학했다면 3년 특례가 이루어지지 않을 수도 있다. 위에서도 언급했듯이 자녀의 입학 기간과 부모의 재직 기간이 일치해야 한다.

3년 특례의 경우, 학생 혼자 해외에 나가 유학하는 것은 해당되지 않는다. 부모 중 최소한 한 명은 해외에서 함께 체류해야 하고 2014학년도부터는 대학에 따라 부모 양쪽 모두 거주해야 한다는 조건도 생겼다. 또한 국제학교 선택이 중요한 요소로 작용하는 이유가 있다. 대학에 입학하려면 증빙서류 등의 다양한 자료 제출이 필요하므로 대학 입학 전까지 유지될 수준의 학교인지 확인해야 할 것이다.

특례 전형 방법

특례입학은 수시전형과 같은 형식이다. 입학원서와 요구 서류를 대학에 제출하고 학교가 제시하는 시험이나 면접을 보는 방식이다. 지원 기간은 7~12월까지 대학마다 달랐지만 2015년부터는 7월 지원으로 확정되었다. 일반적으로 대학 자체 시험(지필고사)으로 선발했지만 최근 서류평가 위주로 진행하는 대학도 증가하는 추세다. 대학은 고등학교 내신과 각종 스펙 등을 골고루 평가하므로 학교생활 중에 다양한 활동을 경험하는 것이 중요해졌다.

　대부분의 학교(면접 또는 심층 면접)가 포함되므로 상위권 대학 전형료는 15~20만 원으로 형성되어 있다. 2013학년도부터는 수시전형 지원 가능 대학이 6군데로 제한되어 있다. 재외국민 전형모집 대학 중 연세대, 고려대, 서강대, 성균관대, 한양대 등은 보통 서류심사도 병행하거나 서류심사만 하고 있다. 서류심사에는 고등학교 성적, 자기소개서, 공인시험 성적(IB, SAT(II 포함), AP, A-LEVEL 등), 공인어학시험 성적(TOEFL, HSK, JLPT, TOEIC 등), 기타 교내·외 활동(추천서, 봉사활동, 교내·외 대회 수상 실적, 학생회 활동 등)이 포함된다.

　각 대학들은 지원 서류 수를 제한하고 있으므로 대학별 입시 요강을 확인하고 자신에게 꼭 필요한 스펙이 포함되는 서류를 추려서 제출할 것을 권한다. 서류에서 가장 중요한 평가 요소는 학생의 성실도를 평가하는 학교 성적이다. 학교 성적이 우수하면 어학 점수, 시험 성적이 다소 떨어지더라도 너그럽게 생각해주는 경우가 많다. 즉, 영어 점수는 다소 부족하더라도 학교 성적이 우수하면 원하는 대학에 합격할 가능성이 높다.

　AP에 응시하는 학생은 SAT 고득점이 필요하다. SAT II는 중국, 일본 출신이 아니라면 보통 수학 시험을 치른다. 중국, 일본 출신이라면 각각 중국어, 일본어 과목을 치르는데 중국어는 1년에 한 번(11월 중순)만 치른다는 단점이 있지만 시험이 쉬워 응시생이 많은 편이다.

　3년 특례로 최상위권 대학에 가려면 완벽한 서류 준비가 필수다. 선발 인원 수 자체가 적고 대기번호도 기대하기 힘든 수준이다. 서류만으로 대학 입학이 어려울 것으로 판단된다면 지필시험을 준비하는 방법도 있다. 서울 소재 중위권 이하(중앙대 제외) 대학들은 지필시험을 보는데 시험과목은 특례 국어, 특례 영어, 특례 수학으로 나뉘며 대학마다 다르다.

특례 국어는 수능시험 국어영역과 달리 한국어 문법 비중이 높고 논리력이나 지문 독해력보다 암기력을 중시한다. 문항 수는 언어영역보다 매우 적고 난이도도 높지 않다. 대부분의 대학들은 특례 국어의 난이도가 낮은 편이지만 한양대, 경희대 등 중·상위권 대학들은 어려운 편이니 참고하는 것이 좋겠다.

특례 영어는 대학별로 다르지만 편입 영어와 비슷한 난이도로 보고 있다. 문법은 일반적인 난이도로 보지만 단어와 독해는 해외 수준에 맞추어져 있으므로 다소 높은 편으로 평가된다. 특례 영어는 대학별 방향성과 지향점이 다르며 매년 난이도가 바뀌므로 일정한 추세를 잡기 어렵다. 특례 영어에 대비하는 학원들은 대입 편입영어 교재를 활용하고 있다.

특례 수학은 대학별 편차가 있는데 대학에 따라 고등학교 1~2학년 수준의 쉬운 문제가 객관식으로 출제되므로 상대적으로 커트라인이 매우 높은 편이다.

3년 특례를 지원하는 상위권 대학인 연세대, 고려대, 서강대, 성균관대, 한양대 등은 기본적으로 서류평가를 한다. 중·하위권 대학은 지필시험을 치르므로 이것을 확인하고 대비하는 것이 중요하다. 특례 학생선발을 지필시험으로 진행할 때 각 대학들은 문제를 아예 공개하지 않거나 공개하더라도 해답지를 공개하지 않는 경우가 많다. 고려대는 2016년부터 수학 지필에 답안지와 출제 범위의 적합성까지 서술해 놓았으니 이 점도 참고해두면 좋겠다.

　면접에서 가장 중요하게 작용하는 과목은 영어다. 상위권 대학들이 합격 여부를 결정하는 것은 바로 영어인데 당시 화두가 되는 시사 문제, 지원 학과와 전공지식 관련 질문이 나온다. 영어를 못하더라도 자신감과 앞으로의 대학 활동에 대한 포부가 중요하다. 대학 진학 후의 영어공부 계획에 대해 길지만 구체적이고 분명한 설명이 당락을 결정하는 요소로 작용할 수 있다.

2020년 대학별 재외국민 특례 전형(참고)

2020학년도 '재외국민 전형' 대학별 신입학생 모집 전형 세부계획

1. 서류 전형(ACT/AP/IB/SAT/A Level-공인 어학 성적+ 교내 · 외 수상 실적 반영) 대학

순번	학교	지역	전형명	전형 방식(1차)	전형 방식(2차)	학생거주요건/외국인 가능(*)	부모 실제 체류요건	모집 인원
1	연세대 인문계열	서울	재외국민 전형	서류 100%	1단계 60%+ 면접 40%	고교 1년 포함 통산 3년(*)	부모 1년 6개월 (고교 180일)	44명
2	연세대 자연계열	서울	재외국민 전형	서류 100%	1단계 70%+ 면접 30%	고교 1년 포함 통산 3년(*)	부모 1년 6개월 (고교 180일)	22명
3	고려대 인문계열	서울	재외국민 전형	서류 100%	1단계 70%+ 면접 30%	고1년 포함 연속 3년/ 비연속 4년	부모 1년 6개월/ 2년	36명
4	고려대 9년 인문계열	서울	재외국민 전형	서류 100%	1단계 70%+ 면접 30%	9년 이상 해외 학교에서 공부	없음	상동
5	서강대 인문계열	서울	재외국민 전형	서류 100%	없음	고교 1년 포함 통산 3년(*)	부모 1년 6개월	20명
6	서강대 자연계열	서울	재외국민 전형	서류 100%	없음	고교 1년 포함 통산 3년(*)	부모 1년 6개월	12명
7	성균관대 인문계열	서울	재외국민 전형	서류 100%	1단계 70%+ 면접 30%	고교 1년 포함 통산 3년(*)	부모 1년 6개월	44명
8	성균관대 자연계열	서울	재외국민 전형	서류 100%	1단계 70%+ 면접 30%	고교 1년 포함 통산 3년(*)	부모 1년 6개월	26명
9	한양대 국제학부	서울	재외국민 전형	서류 40%+ 영어구술시험 60%	없음	고교 1년 포함 통산 3년(*)	부모 1년 6개월 (고교 180일)	4명
10	중앙대 인문	서울	재외국민 전형	서류 100%	없음	고교 1년 포함 통산 3년(*)	부모 1년 6개월 /2년	51명

순번	학교	지역	전형명	전형 방식(1차)	전형 방식(2차)	학생거주요건/외국인 가능(*)	부모 실제 체류요건	모집 인원
11	중앙대 자연	서울	재외국민 전형	서류 100%	없음	고교 1년 포함 통산 3년(*)	부모 1년 6개월 /2년	25명
12	가톨릭대 의예과	서울	재외국민 전형	서류 100% (TOEFL 필수)	1단계 70%+ 면접 30%	고1년 포함 연속 3년/ 비연속 4년(*)	부모 1년 6개월 /3년	3명
13	순천향대 의예과	충남	재외국민 전형	서류 100% (5배수)	1단계 70%+ 면접 30%	고1년 포함 연속 2년/ 통산 3년(*)	부모 2년	4명
14	인제대 의예과	부산	재외국민 전형	서류 100% (5배수)	면접 100%	고1 포함 2년 연속/ 통산 3년(*)	부모 1년 / 2.5년	4명
15	가톨릭 관동 의학과	강원	재외국민 전형	서류 100% (TOEFL 필수)	1단계 70%+ 면접 30%	고1년 포함 연속 2년/ 통산 3년(*)	부모 2년	2명
16	가톨릭 관동 간호학과	강원	재외국민 전형	서류 100% (공인영어 필수)	1단계 70%+ 면접 30%	고1년 포함 연속 2년/ 통산 3년(*)	부모 2년	5명
17	순천향대 간호학과	충남	재외국민 전형	서류 100% (5배수)	1단계 70%+ 면접 30%	고1년 포함 연속 2년/ 통산 3년(*)	부모 2년	5명
18	한동대	경북	재외국민 전형	서류 100%	1단계 70%+ 면접 30%	고1년 포함 연속 2년/ 비연속 3년(*)	부모 1년 6개월 / 2년	14명
19	고려대 세종	충남	재외국민 전형	서류 50%+ 면접 50%	없음	고1년 포함 연속 3년/ 비연속 4년	부모 1년 6개월 / 2년	29명
20	연세대 원주	강원	재외국민 전형	서류 100%	1단계 60%+ 면접 40%	고교 1년 포함 통산 3년(*)	부모 1년 6개월 (고교 180일)	30명

2.서류(ACT/AP/IB/SAT/공인 어학 성적+ 교내 · 외 수상 실적 반영)+지필시험 전형 대학

순번	학교	지역	전형명	전형 방식(1차)	전형 방식(2차)	학생거주요건/외국인 가능(*)	부모 실제 체류요건	모집 인원
1	고려대 자연계열	서울	재외국민 전형	서류 100%	1단계 60%+ 수학 30%+ 면접 10%	고1년 포함 연속 3년/ 비연속 4년	부모 1년 6개월 /2년	37명
2	고려대 9년 자연계열	서울	재외국민 전형	서류 100%	1단계 60%+ 수학 30%+ 면접 10%	9년 이상 해외 학교에서 공부	없음	상동
3	중앙대 의예과	서울	재외국민 전형	서류 60%+ 수학 40%	1단계 60%+ 수학 40%	고교 1년 포함 통산 3년(*)	부모 1년 6개월 /2년	2명
4	한양대 의예과	서울	재외국민 전형	서류 40%+ 수학 필답 60%	1단계 70%+ 면접 30%	고교 1년 포함 통산 3년(*)	부모 1년 6개월 (고교 180일)	1명
5	한양대 인문계열	서울	재외국민 전형	국어 지필 60%+ 서류 40%	없음	고교 1년 포함 통산 3년(*)	부모 1년 6개월 (고교 180일)	30명
6	한양대 자연계열	서울	재외국민 전형	수학 지필 60%+ 서류 40%	없음	고교 1년 포함 통산 3년(*)	부모 1년 6개월 (고교 180일)	24명

3.영어 공인 어학시험(TOEFL/TOEIC) 중심형 대학

순번	학교	지역	전형명	전형 방식(1차)	전형 방식(2차)	학생거주요건/외국인 가능(*)	부모 실제 체류요건	모집인원
1	을지대 의예과	대전	재외국민 전형	TOEFL 100% (5배수)	토플 20%+ 면접 80%	고교 1년 포함 연속 2년(*)	부모 2년	2명
2	건양대 의예과	대전	재외국민 전형	TOEIC or TOEFL+ 학교 성적 평가	면접 100%	고1년 포함 연속 2년/ 통산 3년(*)	부모 1년 6개월 /2년	2명
3	충북대 의예과	충북	재외국민 전형	토익 성적 100% (8배수)	토익 20%+ 면접 80%	고1년 포함 연속 2년/ 통산 3년(*)	부모 1년/2년	2명
4	충남대 의예과	충북	재외국민 전형	토익/TOPIK 성적 100%(3배수)	전국 수학능력 평가 100%	고1년 포함 통산 3년(*)	부모 3년	3명

4.영어 지필시험 중심형 대학

순번	학교	지역	전형명	전형 방식(1차)	전형 방식(2차)	학생거주요건/외국인 가능(*)	부모 실제 체류요건	모집인원
1	이화여대 국제학부	서울	재외국민 전형	영어 100%	없음	고년 포함 통산 3년	부모 1년 6개월 (고교 1년)	3명
2	성신여대 인문	서울	재외국민 전형	영어 100%	1단계 40%+ 면접 60%	고1학기 포함 연속 2년/ 통산 3년(*)	부모 1년/ 1년 6개월	23명
3	성신여대 자연	서울	재외국민 전형	영어 100%	1단계 40%+ 면접 60%	고1학기 포함 연속 2년/ 통산 3년(*)	부모 1년/ 1년 6개월	10명
4	홍익대 인문	서울/ 충남	재외국민 전형	영어 100%	1단계 80%+ 면접 20%	고년 포함 연속 2년/ 통산 3년~4년(*)	부모 1년/ 1년 6개월/2년	20명/ 8명
5	홍익대 미술	서울/ 충남	재외국민 전형	영어 100%	1단계 60%+ 면접 40%	고년 포함 연속 2년/ 통산 3년~4년(*)	부모 1년/ 1년 6개월/2년	4명/ 15명
6	한국 항공대 경영	경기	재외국민 전형	영어 100%	없음	고1년 포함 연속 2년/ 비연속 3년	부모 1년/1년 6개월	2명
7	세종대 인문/자연	서울	재외국민 전형	영어 100%	없음	고1 포함 연속 3년/ 비연속 4년(*)	부모 2년/3년	46명

5. 면접 중심형 대학

순번	학교	지역	전형명	전형 방식(1차)	전형 방식(2차)	학생거주요건/외국인 가능(*)	부모 실제 체류요건	모집인원
1	서울여대	서울	재외국민 전형	서류 12%+ 면접 88%	없음 (자소서 제출)	고1 포함 연속 2년/ 통산 3년(*)	*부모 1년/1년 6개월 /2년	27명
2	동덕여대	서울	재외국민 전형	면접 100%	없음	고1 포함 연속 2년/ 통산 3년(*)	부모 1년/1년 6개월	30명
3	덕성여대	서울	재외국민 전형	면접 100%	없음	고1 포함 연속 2년(*)	부모 1년 6개월	25명
4	명지대	서울/ 경기	재외국민 전형	면접 100%	없음 (면접 시 자소서 작성)	고1 포함 연속 2년/ 비연속 3년(*)	부모 1년/1년 6개월 /2년	39명/ 14명
5	광운대	서울	재외국민 전형	면접 100%	없음(자소서 제출)	고1 포함 연속 2년 or 3년(*)	부모 1년/ 1년 6개월	34명
6	경기대	경기/ 서울	재외국민 전형	자소서 50%+ 면접 50%	없음(자소서 제출)	고1 포함 연속 2년 (*)	부모 1년	53명/ 6명

순번	학교	지역	전형명	전형 방식(1차)	전형 방식(2차)	학생거주요건/외국인 가능(*)	부모 실제 체류요건	모집인원
7	가톨릭대 일반학과	서울	재외국민 전형	면접 100%	없음 (자소서 제출)	고1년 포함 연속 3년/ 비연속 4년(*)	부모 1년 6개월 /2년/3년	23명
8	상명대	서울	재외국민 전형	서류 50%+ 면접 50%	없음 (자소서 제출)	고1년 포함 연속 2년/ 비연속 3년	부모 1년/1년 6개월	25명
9	가천대 (간호 포함)	경기	재외국민 전형	서류 50%+ 면접 50%	없음 (자소서 제출)	고1년 포함 연속 2년/ 비연속 3년(*)	부모 1년/1년 6개월	76명
10	삼육대	서울	재외국민 전형	서류 20%+ 면접 80%	없음 (자소서 제출)	고1년 포함 연속 2년/ 비연속 3년(*)	부모 1년 6개월	23명
11	한성대	서울	재외국민 전형	면접 100%	없음(면접 전 기초자료 작성)	고1년 포함 연속 2년/ 통산 3년(*)	부모 1년 6개월 /2년	25명
12	서울과기대	서울	본인 외국인 전형	심층 면접 100%	없음 (자소서 제출)	외국인 (취득 후 2년 고교 재학)	없음	29명
13	경북대 (수의예/간호 포함)	대구	재외국민 전형	심층 면접 100%	없음	고1년 포함 통산 3년(*)	부모 2년	83명
14	인제대 (간호 포함)	부산	재외국민 전형	면접 100%	없음 (자소서 제출)	고1년 포함 연속 2년/ 통산 3년(*)	부모 1년 / 1년 6개월	40명
15	울산대	경북	재외국민 전형	서류 30%+ 심층 면접 70%	없음 (자소서 제출)	고1년 포함 연속 2년	부모 2년	54명
16	동아대 (간호 포함)	부산	재외국민 전형	면접 100%	없음 (자소서 제출)	고1년포함 연속 2년/ 통산 3년(*)	부모 1년 / 1년 6개월	80명
17	계명대 (KAC/간호 포함)	강원	재외국민 전형	(영어)면접 100%	없음 (자소서 제출)	고1년 포함 연속 2년/ 통산 3년	부모 2년	92명
18	대구 가톨릭 간호학과	강원	재외국민 전형	학업계획서 제출 50%+면접 50%	없음 (학업계획서 제출)	고1년 포함 연속 2년/ 비연속 3년(*)	부모 2년	10명
19	고신대 간호학과	강원	재외국민 전형	지원자격 서류심사 2배수	면접 100% (자기소개서 제출)	고1년 포함 연속 3년/ 비연속 4년	부모 2년	6명
20	충남대 간호학과	강원	재외국민 전형	토익/TOPIK 성적 100%	전국 수학능력 평가 100%	고1년 포함 통산 3년(*)	부모 3년	5명
21	충북대 수의예/간호	강원	재외국민 전형	토익 20% +면접 80%	없음	고1년 포함 연속 2년/ 통산 3년(*)	부모 1년/2년	4명/6명
22	제주대 수의예/간호	강원	재외국민 전형	면접 100%	없음 (자소서 제출 +수학계획서 제출)	고1년 포함 연속 2년/ 통산 3년(*)	부모 1년	4명/1명
23	치·의과대 (간호 포함)	대전	재외국민 전형	서류 30%+ 심층 면접 70%	없음	고1년 포함 2년 연속(*)	부모 2년	7명
24	한국해양대	충북	재외국민 전형	심층 면접 100%	TOPIK 가산점 있음	고1년 포함 2년 연속(*)	부모 2년	28명
25	충북대	충북	재외국민 전형	면접 100%	없음	고1년 포함 연속 2년/ 통산 3년(*)	부모 1년/2년	45명
26	경상대	경남	재외국민 전형	면접 100%	없음	고1년 포함 연속 2년 (*)	부모 2년	57명
27	전북대	전주	재외국민 전형	면접 100%	없음	고1년 포함 연속 2년/ 비영주권 5년	부모 2년/5년	76명
28	전남대	광주	재외국민 전형	면접구술 100%	없음 (자소서 제출)	고1년 포함 연속 2년/ 비연속 3년(*)	부모 2년	78명

6. 순수 지필시험 대학

〈영어+국어 지필시험 대학〉

순번	학교	지역	전형명	전형 방식(1차)	전형 방식(2차)	학생거주요건/외국인 가능(*)	부모 실제 체류요건	모집인원
1	한국외대 서울	서울	재외국민전형	영어 60% +국어 40%	없음	고1년 포함 통산 3년	부모 1년 6개월/2년	33명
2	한국외대 글로벌	경기	재외국민전형	영어 60% +국어 40%	없음	고1년 포함 통산 3년	부모 1년 6개월/2년	34명
3	경희대 인문계열	서울/경기	재외국민전형	영어 60% +국어 40%	없음	고1년 포함 통산 3년(*)	부모 1년 6개월	42/22명
4	이화여대 인문계열	서울	재외국민전형	영어 50% +국어 50%	없음	고1년 포함 통산 3년	부모 1년/1년 6개월 (고교 1년)	41명
5	이화여대 6년	경기/서울	재외국민전형	영어 50% +국어 50%	없음	6년 이상 해외 학교에서 공부	부모 1년 6개월	상동
6	숙명여대 인문	서울	재외국민전형	영어 50% +국어 50%	없음	고1년 포함 연속 2년/통산 3년	부모 1년/1년 6개월	38명
7	건국대 인문	서울	재외국민전형	영어 50% +국어 50%	없음	고1년 포함 연속 3년/비연속 4년(*)	부모 1년 6개월/2년	29명
8	동국대 인문	서울	재외국민전형	영어 50% +국어 50%	1단계 70%+면접 30%	고1년 포함 연속 2~3년/비연속 3~4년(*)	부모 1년/1년 6개월/2년	39명
9	국민대 인문	서울	재외국민전형	영어 50% +국어 50%	없음	고1년 포함 연속 3년/비연속 4년(*)	부모 1년 6개월/2년	35명
10	숭실대 인문/자연	서울	재외국민전형	영어 50% +국어 50%	지원 자격 심사	고1년 포함 연속 2년/통산 3년(*)	부모 1년/1년 6개월	52명
11	가톨릭대 간호학과	서울	재외국민전형	영어 50% +국어 50%	면접 실시	고1년 포함 연속 3년/비연속 4년(*)	부모 1년 6개월/2년	6명
12	인하대 인문	인천	재외국민전형	영어 50% +국어 50%	서류심사(P/F)	고1년 포함 연속 2~3년/비연속 3~4년(*)	부모 1년/1년 6개월/2년	31명
13	한양 Erika 인문	경기	재외국민전형	국어 100%	없음	고1년 포함 통산 3년(*)	부모 1년 6개월 (고교 180일)	23명
14	아주대 인문	경기	재외국민전형	영어 50% +국어 50%	없음	고1년 포함 연속 3년/통산 4년(*)	부모 3년 / 4년	20명
15	단국대 인문/예체능	경기	재외국민전형	영어 60% +국어 40%	서류심사(P/F)－국제학부공인필수	고1년 포함 연속 2년/통산 3년(*)	부모 1년/1년 6개월	72명

〈영어+수학 지필시험 대학〉

순번	학교	지역	전형명	전형 방식(1차)	전형 방식(2차)	학생거주요건/외국인 가능(*)	부모 실제 체류요건	모집인원
1	이화여대 자연계열	서울	재외국민전형	영어 50% +수학 50%	없음	고1년 포함 통산 3년	부모 1년 6개월 (고교 1년)	16명
2	경희대 자연계열	서울/경기	재외국민전형	영어 40% +수학 60%	없음	고1년 포함 통산 3년(*)	부모 1년 6개월	6/28명
3	건국대 자연	서울	재외국민전형	영어 50% +수학 50%	없음	고1년 포함 연속 3년/비연속 4년(*)	부모 1년 6개월/2년	25명
4	건국대 수의예과	서울	재외국민전형	영어 50% +수학 50%	없음	고1년 포함 연속 3년/비연속 4년(*)	부모 1년 6개월/2년	3명
5	동국대 자연	서울	재외국민전형	영어 50% +수학 50%	1단계 70%+면접 30%	고1 포함 연속 2~3년/비연속 3~4년(*)	부모 1년/1년 6개월/2년	13명

순번	학교	지역	전형명	전형 방식(1차)	전형 방식(2차)	학생거주요건/외국인 가능(*)	부모 실제 체류요건	모집인원
6	국민대 자연	서울	재외국민 전형	영어 50% +수학 50%	없음	고년 포함 연속 3년/ 비연속 4년(*)	부모 1년 6개월 /2년	13명 ★
7	홍익대 자연	서울/ 충남	재외국민 전형	영어 50% +수학 50%	1단계 80% +면접 20%	고1년 포함 연속 2년/ 통산 3~4년	부모 1년/1년 6개월 /2년	15명/ 4명
8	인하대 자연	인천	재외국민 전형	영어 50% +수학 50%	서류심사(P/F)	고1년 포함 연속 2~3년/ 비연속 3~4년	부모 1년/1년 6개월 /2년	36명
9	한양대 자연	경기	재외국민 전형	수학 100%	없음	고년 포함 통산 3년(*)	부모 1년 6개월 (고교 180일)	15명
10	아주대 자연	경기	재외국민 전형	영어 50% +수학 50%	없음	고년 포함 연속 3년/ 통산 4년(*)	부모 3년	18명
11	아주대 의예과	경기	재외국민 전형	영어 50% +수학 50%	1단계 60% +면접 40%	고1년 포함 연속 3년/ 통산 4년(*)	부모 3년	2명
12	아주대 간호학과	경기	재외국민 전형	영어 50% +수학 50%	1단계 60% +면접 40%	고1년 포함 연속 3년/ 통산 4년(*)	부모 3년	1명
13	한국 항공대 자연	경기	재외국민 전형	수학 100%	없음	고1년 포함 연속 2년/ 비연속 3년	부모 1년/1년 6개월	15명
14	단국대 자연	경기	재외국민 전형	영어 40% +수학 60%	서류심사(P/F)	고1년 포함 연속 2년/ 통산 3년(*)	부모 1년/1년 6개월	22명

7. 재외국민 3년 특례 의예과/치의예과/한의예과/수의예과 선발대학

〈의예과〉

순번	학교	지역	전형명	전형 방식(1차)	전형 방식(2차)	학생거주요건/외국인 가능(*)	부모 실제 체류요건	모집인원
1	연세대 의예과	서울	재외국민 전형	서류 100%	1단계 70% +면접 30%	고년 포함 통산 3년(*)	부모 1년 6개월 (고교 180일)	2명
2	가톨릭대 의예과	서울	재외국민 전형	서류 100% (공인영어 필수)	1단계 70% +면접 30%	고1년 포함 연속 3년/ 비연속 4년(*)	부모 1년 6개월/3년	3명
3	성균관대 의예과	서울	재외국민 전형	서류 100% (5배수)	1단계 70% +면접 30%	고1년 포함 통산 3년(*)	부모 1년 6개월	2명
4	순천향대 의예과	충남	재외국민 전형	서류 100% (5배수)	1단계 70% +면접 30%	고1년 포함 연속 2년/ 통산 3년(*)	부모 2년	4명
5	연세대 원주 의대	강원	재외국민 전형	서류 100%	1단계 60% +면접 40%	고1년 포함 통산 3년(*)	부모 1년 6개월 (고교 180일)	4명
6	인제대 의예과	부산	재외국민 전형	서류 100% (5배수)	면접 100%	고1년 포함 2년 연속/ 통산 3년(*)	부모 1년/2.5년	4명
7	가톨릭 관동대 의예과	강원	재외국민 전형	서류 100% (5배수)	1단계 70% +면접 30%	고1년 포함 연속 2년/ 통산 3년(*)	부모 2년	2명
8	을지대 의예과	대전	재외국민 전형	TOEFL 100% (5배수)	토플 20% +면접 80%	고1년 포함 연속 2년(*)	부모 2년	2명
9	건양대 의예과	대전	재외국민 전형	TOEIC 또는 TOEFL +서류종합평가	면접 100%	고1년 포함 연속 2년/ 통산 3년(*)	부모 1년 6개월/2년	2명
10	충남대 의예과	충북	재외국민 전형	TOEIC/TOPIK 성적 100% (3배수)	전국 수학능력평가 100%	고1년 포함 통산 3년(*)	학생 재학 기간의 2/3	3명
11	고려대 의예과	서울	재외국민 전형	서류 100%	1단계 60% +수학 30% +면접 10%	고1년 포함 연속 3년/ 비연속 4년(*)	부모 1년 6개월/2년	1명

순번	학교	지역	전형명	전형 방식(1차)	전형 방식(2차)	학생거주요건/외국인 가능(*)	부모 실제 체류요건	모집인원
12	한양대 의예과	서울	재외국민전형	서류 40% +수학 필답 60%	1단계 70% +면접 30%	고1년 포함 통산 3년(*)	부모 1년 6개월/2년	1명
13	중앙대 의예과	서울	재외국민전형	서류 60% +수학 40%	1단계 60% +면접 40%	고1년 포함 통산 3년(*)	부모 1년 6개월/2년	2명
14	충북대 의예과	충북	재외국민전형	토익 성적 100% (8배수)	토익 20% +면접 80%	고1년 포함 연속 2년/ 통산 3년(*)	부모 1년/2년	2명
15	아주대 의예과	경기	재외국민전형	영어 50% +수학 50%	1단계 60% +면접 40%	고1년 포함 연속 3년/ 통산 4년(*)	부모 3년	2명
16	인하대 의예과	인천	재외국민전형	영어 50% +수학 50%	필기 60% +면접 40% /서류심사(P/F)	고1년 포함 연속 2~3년/ 비연속 3~4년(*)	부모 1년/1년 6개월 /2년	2명
17	대구가톨릭대 의예과	대구	재외국민전형	논술 100% (생물/회화 포함)	면접 100%	고1년 포함 연속 2년(*)	부모 2년	2명

〈국어+영어+수학 지필시험 대학〉

순번	학교	지역	전형명	전형 방식(1차)	전형 방식(2차)	학생거주요건/외국인 가능(*)	부모 실제 체류요건	모집인원
1	육군사관학교	충남	재외국민전형	TOEFL 110점/ HSK 6급 /JLPT 1급	국어+영어 +수학 지필 (6배수)	고2년 포함 연속 3년	부모 1년 6개월 (고교 180일)	5명
2	공군사관학교	충남	재외국민전형	TOEFL 110점 또는 TOEIC 950점	국어+영어 +수학 지필 (4등급)	고1년 포함 연속 3년	유학생 어학우수자 지원 가능	2명
3	해군사관학교	경남	재외국민전형	국어+영어 +수학 지필시험	면접 + 체력 측정	고1년 포함 연속 3년	부모 1년 6개월 (고교 180일)	4명
4	숙명여대 자연	서울	재외국민전형	국어 50% +수학 50%	없음	고1년 포함 연속 2년 /통산 3년	부모 1년/1년 6개월	4명

〈논술형 지필시험 대학〉

순번	학교	지역	전형명	전형 방식(1차)	전형 방식(2차)	학생거주요건/외국인 가능(*)	부모 실제 체류요건	모집인원
1	부산대	부산	재외국민전형	공통 논술 50점 +면접 50점	없음 (토익 가산점 10점)	고1년 포함 연속 3년 /통산 4년(*)	부모 2년	79명
2	대구가톨릭대 의예과	대구	재외국민전형	논술 100% (생물/회화 포함)	면접 100%	고1년 포함 연속 2년(*)	부모 2년	2명

〈기타 지필시험 대학〉

순번	학교	지역	전형명	전형 방식(1차)	전형 방식(2차)	학생거주요건/외국인 가능(*)	부모 실제 체류요건	모집인원
1	동국대 경주 한의예과	경주	재외국민전형	생물/회화시험 80%+면접 20%	국어+영어 +수학 지필 (6배수)	고1년 포함 연속 2~3년/ 통산 3~4년(*)	부모 1년/1년 6개월 /2년	2명
2	경상대 간호학과	경남	재외국민전형	생물시험 50% +면접 50%	국어+영어 +수학 지필 (4등급)	고1년 포함 연속 2년(*)	부모 2년	3명
3	대전대 한의예과	대전	재외국민전형	국어 33% +영어 33% +수학 33%	과목별 과학 (40점 이하) 있음	고1년 포함 연속 2년/3년(*)	부모 2년	2명

2021년 대학 입학 전형 기본사항 변경

기존에 시행되던 재외국민 특별전형 지원 자격은 2020학년도까지 유지된다. 원래 기존 특별전형 지원 자격에서 학생 이수 기간을 3년 이상으로 하는 등 대학 자율에 맡겼다. 또한 체류 기간과 해외 근무자 재직 기간도 대학 자율로 설정이 가능했다.

한국대학교육협의회는 '2021학년도 대학 입학 전형 기본사항'을 발표하며 해당 내용을 안내했다. 정원 외 2% 이내에서 각 대학이 자율적으로 시행했던 재외국민·외국인 특별전형 지원 자격이 2021학년도 대입(현 2019년 한국 고등학교 2학년)부터 변경된다. 학생 이수 기간은 3년 이상, 체류 기간은 학생의 경우, 이수 기간의 3/4 이상, 부모의 경우, 2/3 이상으로 설정해야 한다.

재외국민 특례입학을 준비하는 학생들은 변경되는 자격 조건 등을 확인하고 준비해야 한다. 조건 충족 여부를 따져보고 자신의 강점, 특성, 진로 등에 맞추어 상담을 받아야 할 것이다. 그에 따른 준비를 적절한 시기부터 진행해 나가는 것이 중요하다. 2021학년도부터는 중·고교 과정 해외 이수자의 지원 자격도 표준화될 전망이므로 자신의 자격 여부를 미리 확인해야 한다.

재외국민 특례입학 제도의 문제점

특례입학 제도의 원래 취지는 2개 국어 이상을 자유롭게 구사하고 수년 동안 다양한 문화를 접한 우수한 인재를 얻고 교육문제 때문

에 해외 파견 근무자가 가족과 떨어져 지내는 경우를 줄이려는 것이
었다. 요즘 들어 원래의 취지가 무색하게 '해외에서 단기간 살다 오
면 한국에서 공부한 친구들보다 쉽게 대학에 들어갈 수 있다'라는 생
각으로 가까운 중국이나 일본 등으로 단기 유학을 다녀오는 사례가
늘고 있다.

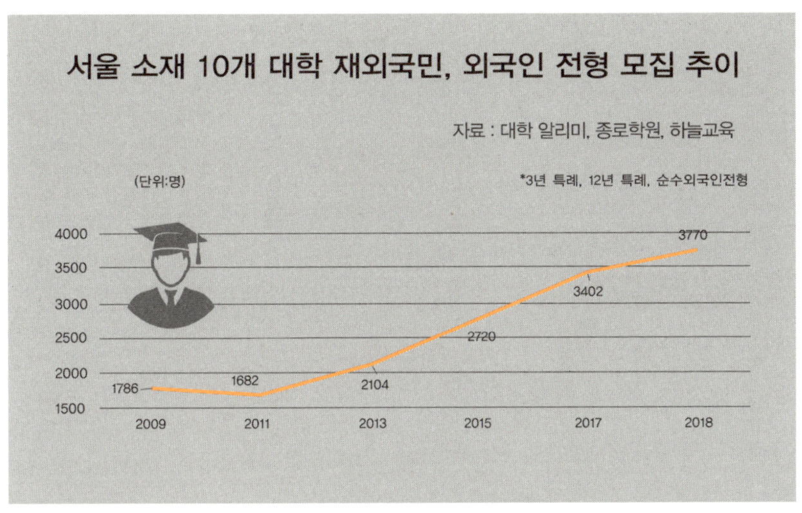

　　강남 대치동의 한 토플학원은 토플 점수를 따려고 방학 동안 일
시 귀국한 단기 유학생들로 넘쳐난다. 특례입학을 위해 2~3년 단기
간 유학을 다녀온 후 토플 등의 공인 외국어 점수를 취득해 국내 대
학에 입학하려는 학생들이 많은 것이다. 특례입학 제도가 또 다른 조
기유학을 부추기는 제도로 악용되고 있어 학생들은 중간에서 더 힘
든 시간을 보내고 있다.

특히 문제가 되는 것은 특례입학만 노리고 대입을 준비하는 것이다. 일반적인 수업을 따라가는 것을 힘들어 하고 결국 학교생활을 등한시하는 극단적인 문제까지 초래되기도 한다. 학생 자신이 어디에 서있는지 분명한 축을 내려다가 자신의 소속감에 대해 흐려지기 때문이다.

서울대는 최근 수년 간의 재외국민 특별전형 내용을 분석한 결과, 많은 문제점이 드러나 이 제도의 전반적인 개선책을 논의 중이라고 밝힌 바 있다. 단순히 부모가 해외에서 근무했다는 이유로 특혜를 주는 것이 아니라 우수한 학생을 공정하게 선발하는 전형으로 바꾸기 위해 개선안을 마련 중이라고 설명했다.

특례입학 전형이 논술, 수학, 면접만으로 이루어져 해외에서 현지 학업에 충실했던 학생이 아닌 특정 국가의 '한국인 학교'나 국내에서 특례 과외에 매달린 학생이 주로 선발되는 것도 문제점으로 지적되었다.

과거 중국에서는 사설 학원과 중·고등학교를 운영하는 입시 브로커가 구속되는 사건이 일어나기도 했다. 브로커가 만든 각종 허위 증명서로 국내 대학에 부정입학한 학생만 38명이 넘었다. 중국어를 구사하지 못해 중간·기말고사를 치르지 못한 학생, 중국의 역사, 지리 등 한국 학생은 이해하기 어려운 과목의 성적이 낮은 학생들을 서류를 위조해 우등생으로 둔갑시킨 것이다. 또한 허위 증명서로 국내 명문대 10여 곳에 원서를 넣었고 초·중·고 12년 과정을 모두 해외에서 이수해야만 응시할 수 있는 '12년 특례입학 전형'으로 고려대에 합격시키고 부모의 재직증명서 위조 등 다양한 서류 위조로 특례전형 입학을 도와준 비리가 적발되었다.

교육과학기술부는 재외국민 특별전형과 관련해 부정 입학이 확인된 대학생에 대해 해당 대학이 사실 관계를 확인해 입학 허가 취소 등 상응 조치를 취할 것을 지시했다.

교직생활을 포기한 국제학교 교사 A 씨

베트남 국제학교에서 근무하던 교사 A 씨는 학교를 사직하기도 했다. 교사생활을 하면서 느낀 회의감 때문이었다. 한국에서 3천km 넘게 떨어진 이곳에서도 'SKY(서울대·연대·고대)' 합격을 위한 입시전문기관으로 전락하는 것을 바라보면서 교직생활에 대한 안타까운 심정이 들었다고 밝혔다. A 씨는 과거에는 부모 때문에 어쩔 수 없이 해외로 나온 학생들이 많았던 반면, 언제부터인가 재외국민 특별전형을 노리고 전략적으로 이곳에 오는 학부모들이 나타나기 시작했다고 전했다. 부모들이 국제학교를 명문대에 쉽게 합격시키는 수단으로 생각한다고 설명했다.

교육 과정은 재외국민 전형 필답고사 기출문제를 다루는 수업들로 채워졌고 SAT(미국 대학 입학자격시험)나 AP(미국 대학 과목 선행 이수제) 학원 등록을 학교 차원에서 권하고 있다고 했다. 입시전문가들은 최근 수년 사이 이 제도를 악용하는 지원자가 늘었다고 말한다. 재외국민 특별전형이 상대적으로 경쟁률이 낮다는 입소문이 학부모들

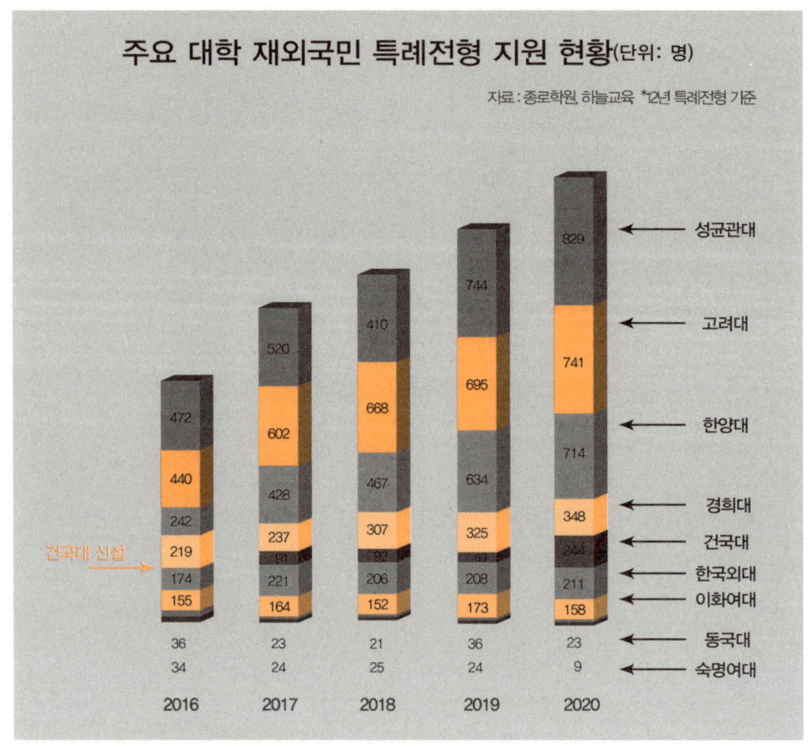

사이에 퍼지자 처음부터 이 전형에 지원할 목적으로 해외로 나가는
사례가 점점 증가하는 추세라고 밝혔다.

일부 대학은 아예 현지 법인 근무자나 자영업자 자녀로 지원 자격
을 제한하는데 이 자격을 충족하려고 현지 공무원에게 뒷돈을 주고
서류상으로만 존재하는 자영업을 하는 학부모도 있다.

실제로 재외국민 특별전형 지원자는 꾸준히 증가하는 추세다. 종
로학원, 하늘교육이 집계한 9개 대학(건국대 · 경희대 · 고려대 · 동국대 · 성
균관대 · 숙명여대 · 이화여대 · 한국외대 · 한양대)의 12년 특례 지원자 현황

을 보면 2017학년도 2,310명에서 2020학년도 3,277명으로 3년 만에 41.8%가 늘었다.

주로 영어권으로 조기유학을 갔지만 언제부터인가 아시아권 국가에서 국제학교를 다니고 방과 후에는 한국인이 운영하는 학원에 가 한국 대학 입시를 준비하는 것이다. 과거에는 단순히 영어 실력을 높이려고 나갔다면 지금은 처음부터 대학 입시를 목적으로 나가고 있는 것이다.

해외에서도 학부모들의 사교육 바람은 거세게 불고 있다. 학부모들은 한국 대학들이 선호하는 국제학교 목록을 공유하고 SAT 학원들은 현지에도 분원을 차리고 있다. 현지에서 한국 대학 입시 최적화 시스템이 마련되어 있는 것은 특례입학을 준비하는 학생들에게는 큰 장점으로 작용하지만 이것을 악용해 자녀의 진학만 목적인 학부모들이 늘고 있는 것이 문제점으로 작용해 지금도 특례입학 제한과 제재는 늘고 있어 선의의 피해자가 발생하고 있다.

특히 현지 대학의 특례전형에 대한 문제점도 불거지고 있다. 학생들의 한국 생활 적응을 돕기 위한 커리큘럼이 미비하다 보니 학교생활에 적응하지 못하고 자퇴까지 이어지기도 한다.

범죄 예방 및 대처

베트남에서 발생하는 대부분의 범죄는 한국인 사이의 범죄다. 먼 타지에서 한민족끼리 서로 돕지는 못할 망정 함께 힘겹게 살아가는 교민의 등에 칼을 꽂는 꼴이다. 베트남 투자가 과열되면서 한국인 사이의 사기와 범죄가 계속 발생하고 있다.

VIETNAM

Chapter 05

범죄 예방 및 대처

베트남은 전국적으로 타 국가들보다 치안이 매우 양호한 편이다. 대도시일수록 안전하며 호치민은 밤에 혼자 돌아다녀도 아무 문제가 없을 정도다. 단, 밤늦게 여성 혼자 돌아다니면 한국과 마찬가지로 범죄의 표적이 될 수 있다는 점을 명심해야 한다. 이처럼 베트남이 범죄로부터 안전한 것은 법률적인 범죄 처벌이 강하기 때문이다. 마약·총기류 사고는 매우 적으며 적발되면 사형에 처해진다.

베트남 내에서 외국인 대상 강력범죄는 사실 잘 발생하지 않는다. 날치기나 소매치기 같은 범죄들이 일어나지만 이것도 빈번하지는 않으므로 주의만 하면 충분히 막을 수 있다. 특히 현금을 많이 갖고 다니면 범죄의 표적이 될 수 있다. 베트남인들은 한국인들이 현금을 많이 갖고 다닌다고 생각하므로 현금은 필요한 만큼만 소지하는 것이 좋다.

베트남에서 발생하는 대부분의 범죄는 한국인 사이의 범죄다. 먼 타지에서 한민족끼리 서로 돕지는 못할 망정 함께 힘겹게 살아가는 교민의 등에 칼을 꽂는 꼴이다. 베트남 투자가 과열되면서 한국인 사이의 사기와 범죄가 계속 발생하고 있다. 한국인 교민으로부터 피해를 당했다며 베트남 주재 한국 대사관에 상담을 요청하는 건수만 매달 한 건 이상인 것으로 알려져 있다.

베트남에서 발생한 사건·사고 유형 1~9

유형 1 한국인이 더 무섭다

국내 대기업의 1차 협력사인 A사는 2017년 12월 베트남 북부 박닌성에서 현지 교민이 운영하는 B사에 공장 건립을 맡겼다. B사는 당초 계약할 때 약속했던 계약 이행 보증서 등을 제공하지 않았고 지난해 6월에는 하청업체가 B사로부터 돈을 받지 못했다며 공사를 중단했다. A사는 B사를 현지 공안(경찰)에 사기와 횡령 등의 혐의로 고소했지만 최근 B사를 처벌하기 어렵다는 답변을 받았다. A사 대표는 지난 9일 철저한 재조사를 요구하며 박닌성 공안부 앞에서 단식농성에 들어갔지만 공공질서 위반 등의 혐의로 체포되어 강제출국 처분을 받았다.

대기업 계열사인 C사도 2017년 1월 베트남 중부 빈딘성에서 B사에 공장 건립을 맡겼다가 피해를 입었다. 하청업체들이 B사로부터 대금을 받지 못했다며 공사를 중단하고 이미 납품한 자재를 회수하겠다

며 반발하는 바람에 공사대금 10억 원가량을 추가로 지급해야 했고
전체 공사는 6개월 이상 지연되었다.

두 사건 모두 공안에 고소했지만 흐지부지되며 사건을 해결하지
못했다. 이 밖에도 현지 교민이 운영하는 건설사에 의한 사기 피해가
속출하고 있다. 문제의 건설사는 납품업체와의 계약서에 서명하지 않
는 방식으로 현지 법망을 교묘히 빠져나가 피해업체들은 공안에 신고
하지도 못하고 있는 실정이다.

위의 사건들은 한국인이 운영하는 건실한 기업인 것 같아 믿고 납
품했다가 발생했다. 해외에 나가면 같은 동포가 더 무섭다는 말의 사
례를 여실히 보여준다.

베트남 거주 교민들에게는 크고 작은 사건이 일어나기 마련이다.
베트남에 거주하다 보면 사회주의 국가이므로 일상의 작은 일에서도
공무원의 도움을 받아야 할 경우가 생기므로 공무원과의 친분이 도움
이 된다고 생각하는 것이다.

한인 브로커들은 교민에게 접근해 베트남 법상 불가능한 일도 본
인이 알고 있는 고위직 인사와의 친분으로 가능하다고 말한다. 고위
직 인사와의 친분을 과시하면서 해결해주겠다고 접근하면 일단 경계
하는 것이 중요하다. 특히 인 · 허가 건과 관련해 겉으로 보이는 것과
실제 법적 절차나 인 · 허가 기관이 다른 경우가 있다. 브로커와 친분

이 있다는 공무원이 실제 공무원이더라도 본인이 해결하는 데 필요한 업무와 직접적인 관련이 없을 수도 있으므로 조심해야 한다.

전자부품 제조업 투자를 위해 베트남에 온 A 씨는 담당 공무원과 막역한 사이라는 브로커의 말을 믿고 일을 맡겼다. A 씨는 브로커에게 제조공장 부지 선정부터 회사 설립까지 모든 절차 대행의 대가를 지불했다. 몇 달 후 A 씨가 알아보니 브로커가 소개해준 부지는 제조업이 금지된 곳이었다. 또한 담당 공무원이라고 소개해준 사람은 외국인 투자와는 전혀 무관한 업무를 담당하는 공무원이었다. 결국 아무것도 진행되지 못한 채 브로커는 수수료만 받아 챙겨 잠적했다. 한국에서 필요한 제조기계도 미리 구입해 기다리던 한국인 A 씨는 쓸모없어진 기계와 함께 이미 지불한 브로커 수수료만 날리고 피해를 고스란히 떠안아야 했다.

베트남 실세와의 친분을 과시하며 카지노 투자금 명목으로 36억 원을 가로챈 혐의로 이 모 씨가 구속되는 사건이 있었다. 이 씨는 현지 군 장성, 감찰장관 등 영향력 있는 실세들을 잘 안다며 투자하면 카지노 허가권을 보장해주겠다고 A 씨를 속여 5억 6천만여 원을 받아 가로채는 등 3명으로부터 36억여 원을 가로챘다. 이런 범행을 저지른 이 씨는 베트남 관공서가 발급한 서류를 보여주며 피해자들을 속였으며 받은 돈은 개인 빚을 갚는 데 쓴 것으로 드러났다. 이 씨는 국내 투자자들이 해외 관공서에서 발급한 서류의 진위를 잘 알지 못하고 현지인과의 의사소통이 어려운 점을 악용했다.

2018년 베트남에서 해외 도박장을 개설한 혐의로 김 모 씨가 항소심에서 징역 1년의 실형을 선고받았다. 김 씨는 2010년 6월부터 2015년 7월까지 베트남에서 한국인 관광객 등을 상대로 도박장을 운영한 혐의 등으로 재판에 넘겨졌다. 김 씨는 재판 과정에서 베트남에서 적법하게 허가를 받아 도박장을 운영했으므로 한국 형법으로 처벌하는 것은 부당하다고 주장했지만 받아들여지지 않았다. 재판부는 한국인이 해외에서 저지른 범죄도 국내 질서유지를 해친다면 한국 형법으로 처벌할 수 있다고 판단한 것이다.

재판부는 김 씨가 국내에서 사행성 오락실을 운영하다가 실형을 선고받은 후 베트남으로 옮겨 도박장을 열었다며 5년 동안 한국인 골프 관광객 등을 유치해 영업활동을 했다고 설명했다. 내국인에게만 수십만 달러 상당의 도박자금을 빌려주면서까지 도박을 유도한 김 씨에 대해 건전한 경제 도덕적 윤리를 해치고 외화 낭비까지 불러왔다고 했다.

재판부는 우리나라에 피해를 끼치지 않으면 한국인은 해당 국가 법률에 따라 자유롭게 행동할 수 있지만 김 씨는 한국인 관광객이나 교포를 유치하면서 도박장을 운영했기 때문에 국내 형법으로 처벌해야 한다고 말했다.

베트남 옥수수 공장에 투자하면 큰돈을 벌 수 있다고 속여 수 천여 명으로부터 수백억 원을 가로채 해외 도피생활을 해오던 남성이 경찰에 붙잡혔다. 에탄올을 생산하는 베트남 옥수수 공장에 투자하면 돈을 벌 수 있다며 4천여 명으로부터 200억여 원을 가로챈 사기 혐의로 인터폴 적색 수배자인 이 모 씨가 강제 송환되었다. 이 씨는 피해자들에게 투자금의 12%를 매달 배당금으로 지급하고 4개월 후에는 원금을 돌려주겠다며 유인한 것으로 밝혀졌다.

경찰 조사 결과, 이 씨는 그중 약 60억 원을 베트남 사업권 확보 명목으로 베트남 법인통장으로 건네받은 것으로 드러났다. 이 씨는 경찰이 본격적인 수사에 들어가자 해외로 도피했지만 국제 공조 수사로 붙잡혔다.

베트남에 다양한 공장들이 생겨나면서 잘 알지 못하는 투자 사기도 빈번히 발생하고 있다. 우선 본인이 잘 알지 못하는 분야라면 장밋빛 미래만 바라보고 무턱대고 투자하지 말고 사업 모델의 내막을 세밀히 살펴보고 투자에 들어가는 것이 좋겠다.

유형 5 말기 암환자를 속인 무면허 의료행위 사기

베트남에서 말기 암환자들에게 버섯 추출물이 섞인 가짜 암 치료제를 투약하는 등 무면허 의료행위 혐의로 한국인 사업가가 실형을 선고받았다. 이 사업가는 베트남 현지에서 한국인을 상대로 관광사업 명목으로 투자금 사기행각도 벌였다.

유방암 투병 중이던 박 모 씨는 2016년 12월 암 치료제를 찾던 중 베트남 하노이에서 한국인이 운영하는 A 한의원을 소개받았다. 그는 이곳에서 암 치료 주사제를 맞고 진료비로 7,520만 원을 냈다. 한국으로 돌아온 박 씨는 거액을 주고 치료를 받았는데도 증세가 호전되지 않자 A 한의원 대표 정 모 씨를 불법 의료행위 혐의로 경찰에 고발했다. 정 씨는 인터폴에 수배된 끝에 작년 6월 베트남 공안에 체포되어 한국 경찰에 인계되었다.

수사 결과, 정 씨는 각종 버섯 추출물을 진통제, 마취제 등의 의약품과 혼합한 주사제를 박 씨에게 처방한 것으로 확인되었다. 효능이 검증되지도 않은 약품을 불법 사용하고 의료인이 아니면서 영리 목적으로 의료행위를 한 것이다. 이 과정에서 정 씨가 면허도 없이 의사 행세를 하는 김 모 씨, 사업가 유 모 씨, 다른 한의사 2명 등과 범행을 공모하고 각각 환자 유치, 의약품 공급책, 진료 등으로 역할 분담을 한 사실도 밝혀졌다. 이들은 2016년 12월부터 2017년 3월까지 박 씨 등 말기 암환자 5명에게 가짜 주사약을 투약해 총 2억 7,130만 원을 진료비 명목으로 가로챘다.

정 씨는 하노이에서 관광·토지개발사업 명목으로 한국인 투자자들을 속여 투자금을 빼돌리기도 했다. 그는 2014년 1월 베트남에서 알게 된 투자자에게 하노이에서 테마파크 개발사업을 진행 중인데 인·허가 비용과 경비를 투자하면 투자수익을 보장해주겠다고 속였다. 그는 2014년 2월부터 2015년 6월까지 피해자들로부터 23차례에 걸쳐 총 10억여 원을 갈취했다.

정 씨는 재판에서 피해자들 스스로 관광사업 투자를 결정했고 수

고비를 받았을 뿐이라며 사기죄는 무죄라고 항변했다. 재판부는 당시 피고인은 조달할 자본이 없었고 베트남 당국의 관광사업 허가 여부가 불투명했음에도 피해자들에게 설명해주지 않았다며 유죄를 선고했다.

유형 6 차명 사업 문제

베트남에서는 한국인들이 베트남인의 이름을 빌려 차명으로 사업을 진행하는 경우가 많다. 가장 큰 이유는 베트남인 명의로 사업체를 운영하면 외국인 명의로 할 때보다 절차가 간단하고 제약도 적기 때문이다. 또한 사업을 진행하는 도중에 경쟁자가 있다면 타인 명의로 진행하므로 겉으로 드러나지 않는다는 장점도 있지만 이 점을 악용해 경쟁자가 현지 차명인에게 접근해 오히려 차명인을 통해 경쟁자로부터 노하우를 뺏는 경우도 있다.

차명으로 사업하는 경우, 사업이 잘 되지 않는다면 별 문제가 발생하지 않지만 사업이 잘되기 시작하면 욕심이 생긴 현지 명의자에게 모든 것을 뺏길 수도 있다. 명의를 빌려주는 것을 빌미로 계속 돈을 요구하면서 자기 마음대로 경영하는 등 횡포를 부리기도 한다.

차명인이 개인이라면 결혼, 이혼, 사망 등의 법적 영향을 받는다는 점도 알아두어야 한다. 차명 사업의 경우, 합법적인 송금이 어렵고 거액 송금은 은행의 자금세탁 방지 보고 대상이다. 합법적으로 들어온 돈은 합법적으로 나가야 하고 그렇지 않을 경우, 불법적으로 나갈 수밖에 없는 것이다.

A 씨는 베트남인 명의로 간단히 식당을 개업할 수 있다는 말을 듣고 차명인 B 씨의 이름으로 식당을 개업했다. 1년 동안 운영하고 손익분기점을 넘기는 시점에 베트남인 손님을 더 많이 유치하려는 B 씨와 한국인 손님 위주로 운영하려는 A 씨 사이에 의견 충돌이 생기면서 문제가 발생했다. B 씨는 명의 사용료를 2배 올려줄 것을 요구했지만 이것을 거부한 A 씨의 업무 지시를 듣지 않았고 직원들에게는 자신의 방식을 따르도록 했다. 모든 식당 운영 방식은 B 씨의 지시대로 움직이기 시작했고 그 와중에 B 씨는 이혼까지 하면서 식당을 팔아 재산분할에 들어갔다. 그렇게 A 씨는 식당과 투자금을 모두 잃게 되었다.

유형 7 베트남인에게 사기 친 한국인에게 종신형 선고

사기·횡령 등으로 구속 수감된 한국인에게 베트남 법원이 종신형이라는 중형을 선고했다. 하노이 고등인민법원은 17일 사기횡령죄로 구속 수감된 김 씨와 현지인 공범 4명에게 종신형을 선고했다. 김 씨 부부는 2014년 호앙 킴(Hoang Kim)이라는 투자무역 개발회사를 설립해 각각 회장 직과 이사 직을 맡았다. 이후 부부는 회사를 통해 한국에서 일할 사람을 모집한다는 허위광고를 게재했다. 베트남 유학생과 근로자를 모집하기 시작한 것이다.

김 씨 부부는 연수생 형태의 노동 알선 프로그램을 만들어 연수생들에게 교육이 끝나면 월 1,200~1,700달러의 일자리를 제공하겠다고 약속했다. 또한 연수생이 첫 3~6개월 사이에 한국어 초급 수준 이상을 달성하면 수업료의 30~50%를 환급해주겠다고 유혹했고 연수생들을 속이기 위해 공문서를 위조하고 허위 청구서까지 만들었다.

　김 씨 부부와 공범인 베트남인은 커미션을 받기 위해 수백 명의 베트남인 근로자를 이 회사에 적극 소개하고 나섰다. 김 씨 부부의 말에 속아 프로그램에 돈을 지불한 연수생은 그들의 사기 때문에 경제적 피해와 정신적 상처를 받게 되었다. 100명 이상이 김 씨 부부와 탕에게 직접 돈을 지불했는데 43만 달러가 넘는 것으로 추정된다.

　2017년 베트남에 진출한 우리 중소기업이 중국 셀러를 사칭하는 계좌로 계약금을 송금한 피해 사례가 발생했다. 중간에 이메일 해커가 개입해 무역대금을 가로채는 '비즈니스 스캠'은 2014년부터 매년 대한무역진흥공사(KOTRA)의 호치민, 하노이 무역관에 보고되고 있다.

　셀러와 바이어가 직접 대면하기 힘들다는 사업환경을 악용한 사례로 낯익은 이메일 주소도 다시 한 번 보는 것이 중요하다. 2017년 1월 말 중국 춘절 기간에 발생한 이 사건은 긴 연휴의 특성상 사실 여부를 현지 기업에 신속히 확인하는 것이 어렵다는 점을 악용했다. 해커는 무역대금 결제가 임박했을 때 이메일을 가로채 셀러를 사칭했고 피해 기업은 계약 시 언급된 셀러의 계좌가 세금문제로 사용이 곤란하다는 이메일을 받고 새로 변경된 계좌로 수만 달러의 대금을 지불했다.

　해커의 이메일 주소는 셀러의 이메일 주소와 철자 하나만 달라

그 차이를 육안으로 빨리 구분하기 어려웠던 것으로 밝혀졌다. 이메일 서명(footer)도 원 셀러의 서명과 같았으며 서명 내 전화번호를 미묘하게 바꾸어 수신인이 이것을 보고 연락했을 때 혼동하도록 만들었다.

비슷한 사기 사건은 베트남인 바이어와 한국인 셀러 사이에서도 일어났다. 해커의 이메일 주소는 한국인 셀러의 이메일 주소와 같은 단어를 조합해 만들어 이메일 수신자가 주의 깊게 살펴보지 않으면 혼동할 여지가 있었다. 해커는 이전에 주고받은 이메일에 침입해 두 기업 사이의 계약 내용을 파악해 사업 관련 이야기를 자연스럽게 유도해냈다.

한국인 셀러를 사칭한 해커는 베트남인 바이어에게 신규 개설 계좌로 대금 결제를 제시했다. 이후 한국 기업이 베트남 바이어로부터 대금을 송금받지 못하면서 사건 경위를 파악하게 되었다.

유형 9 여행객 도박 사기

40~50대 남녀가 함께 또는 혼자 여행하는 외국인 여성 여행객에게 접근해 필리핀인 또는 말레이시아인이라고 소개하고 사촌동생이나 조카가 교환학생으로 한국에 가 있거나 갈 예정이라면서 자신들의 집으로 식사 초대를 하면서 한국에 관한 이야기를 듣고 싶다며 접근한다.

집으로 초대한 후 식사나 차를 대접하며 환담을 나눈 후 자신이 카지노 전문 딜러인데 카지노에서 돈을 버는 방법을 가르쳐 주겠다면서 카드를 돌리며 게임 방법을 설명해준다.

카드를 다루는 다양한 손 동작에 현혹된 상태에서 60세가 넘어 보이는 노신사가 나타나 거액의 미국 달러화를 제시하며 게임을 제안하고 이때 피해자에게 카드 게임을 가르쳐준 자가 게임에 함께 참여하면 상대방을 속여 게임을 쉽게 이기고 큰돈을 벌 수 있다고 피해자를 현혹시킨다.

게임 상대방이 테이블에 내놓은 미국 달러 액수만큼의 게임 머니가 필요하다며 피해자가 가진 돈을 요구할 뿐만 아니라 은행에 가 추가로 돈을 인출할 것을 요구한 후 함께 은행을 방문해 인출한 돈을 건네받고 피해자에게 숙소나 일정 장소에 가 기다리라고 하고 사라지는 수법이다.

베트남 민·형사상 피해 구제 방법

베트남에 거주하면서 가장 궁금한 점 중 하나는 민·형사상 피해 구제 방법일 것이다. 베트남 공안이나 법원은 외국인 사이에서 발생한 사안은 잘 취급하지 않으려고 한다. 한국 경찰이나 검찰도 해외에서 발생한 문제에는 신속히 대응하고 영향을 미치는 데는 한계가 있다.

베트남 법률이 모호하고 법과 실제 업무처리가 다른 경우가 많아 사업하기가 쉽지 않다고 많이 하소연한다. 예를 들어, 베트남 법률상 ○○허가서는 영업일 20일 이내에 발행해야 한다고 명시되어 있더라

도 실제 발행까지는 수 개월이 걸리는 경우도 있고 불법파업 노동자
에 대한 처벌 규정이나 정당하게 합의된 토지보상을 거부하고 이주하
지 않는 주민에 대한 강제 이주 규정과 절차가 있음에도 법 적용을 하
지 않아 사업 수행에 차질을 겪는 경우도 왕왕 발생한다.

새로운 법률이 만들어지더라도 그 법률에 대한 시행령과 시행세
칙이 없어 난감한 경우도 있다. 예를 들어, 법률에서 '나쁜 짓을 하면
처벌받는다'라고 규정하고 있지만 '나쁜 짓'이 구체적으로 어떤 것이
고 구체적으로 어떤 처벌을 받는지 알 수가 없다.

베트남의 기업법과 투자법 조항 해석이 불명확한 경우도 있고 환
경법이나 토지법 등 타 법률들과 내용상 상충하는 경우도 있어 동일
법률을 적용해 처리하는 문제도 담당 베트남인 공무원이나 관련기관
의 유권해석에 따라 달라질 수 있는 부분이다. 동일한 기업법과 투자
법을 적용해 설립하는 회사도 지역에 따라 요청하는 서류나 절차가
다를 수 있다.

담당 공무원이 관련법규가 바뀐 사실을 모르고 수 년 동안이나 이
미 효력을 상실한 법규를 적용해 업무를 처리한 경우도 있어 변호사
가 담당 공무원에게 이런 사실을 알리고 조항의 법적 해석과 실무 적
용을 도와주는 경우도 있다.

민사소송 승소에도 강제 집행이 어려운 베트남

민사소송을 진행해 베트남 법원을 통해 승소하더라도 상대방의 재산이 베트남에 전혀 없고 한국에만 있다면 이 승소 판결문으로 한국에서 강제집행을 할 수가 없다. 반대로 베트남과의 거래 관계에서 한국 법원을 통해 승소 판결문을 받아 놓았는데 상대방의 재산이 베트남에만 있다면 이곳에서 강제집행을 진행할 수가 없다. 이것은 한국과 베트남이 상대방 국가 법원의 판결문에 대해 강제집행을 인정해주겠다는 양국 간 협약이 체결되어 있지 않기 때문이다. 상대방 국가 법원의 판결문을 인정하고 강제집행에 협력해주겠다는 양국 간 협약이 있는 경우에만 상대방 국가 법원 판결문의 효력이 발생하는 것이다.

이런 문제점을 해결할 방법이 없는 것은 아니다. 바로 상사중재를 활용하는 것이다. 상사중재는 법원의 판결과 달리 1심 종결로 신속히 진행되고 전문성을 갖춘 상사 심사원이 참여할 뿐만 아니라 상사중재 결정문이 타 국가에서도 강제집행시킬 수 있다는 장점이 있다.

베트남 국제 상사중재원의 결정문은 한국에서도 강제집행이 가능하며 베트남 정부는 국제 경쟁입찰로 계약자를 선정할 경우, 법적 분쟁은 법원이 아닌 상사중재원을 통해서만 해결하도록 해놓은 상태다. 상사중재원을 활용하려면 법적 분쟁은 상사중재원을 통해 해결한다고 계약서에 규정해 놓아야 한다.

범죄, 어떻게 막을 수 있을까?

투자사기 사건은 대부분 베트남어를 구사하지 못하는 데 원인이 있다. 투자자들이 해외 관공서에서 발급한 서류의 진위 여부를 알기 어렵고 현지에서 의사소통이 어려워 확인하기 쉽지 않다는 점을 악용해 베트남 관공서에서 발급한 서류를 보여주며 피해자들을 속이고 있는 것이다.

발전소, 신도시, 도로, 공항 등의 개발 프로젝트 투자와 관련해 법적 구속력이 없는 단순 업무협력에 대한 양해각서나 사업과 무관한 투자 허가서나 토지사용권 증서를 보여주면서 마치 사업허가가 난 것처럼 과장하는 경우가 많다. 단순히 브로커의 말만 믿고 투자했다가 낭패를 보는 경우다. 브로커들이 실제 가능한 서류를 내미는 경우도 있지만 그들의 주장과 달리 서류 제출을 요구하는 공문을 보여주거나 토지사용권자의 이름도 달라 프로젝트 진행 자체가 법적으로 불가능한 경우도 있다. 단순히 서류만 믿고 투자 결정을 내리기보다 법조인과 동행해 서류를 충분히 검토해보고 투자하는 것이 바람직하다.

흔히 가장 많은 사기를 당하는 경우는 차명 문제다. 차명은 사업을 하면서 가장 많이 이용하는 방법이다. 절차와 방법이 간단하기 때문이다. 그만큼 도사리는 위험도 고려해야 한다. 동업한 베트남인이 변심하면 진퇴양난에 빠진다. 모든 차명 사업이 불법인 것은 아니다. 전략적 방법으로 지분 투자를 구성할 때 차명을 일부 활용하기도 한다.

차명을 일부 활용하는 것은 실무적으로 외국인 지분 제한 때문에 초과 지분 보유를 위해 차명인을 이용하면서 대출 계약이나 콜 옵션, 지분 담보 계약 등을 이용하는 개별거래 자체는 합법적인 구도이기 때문이다. 합작 법인이 아닌 이상, 차명으로 하면 어떤 이유로도 법적 보호를 받을 수 없다. 차명으로 하려면 차명자의 자산을 담보로 설정하지 않는 한, 보호받을 방법은 없다고 할 수 있지만 베트남 법률상 '신탁' 개념이 없다는 점을 유념해야 한다.

베트남 민법상 타 거래 은폐를 위한 거래는 무효로 문제가 발생했을 때 현지인 명의의 차명회사에 대한 외국인의 권리 주장은 보호받지 못할 가능성이 크다. 실무에서 전략적으로 차명 방법을 활용하더라도 그 방법과 향후 미칠 영향 등을 꼼꼼히 따져보는 것이 중요하다.

베트남에는 한국인 수가 증가하는 만큼 한국인 대상 사기범죄도 증가하는 추세다. 베트남 투자가 활발한 현재, 베트남 법률을 이해하고 합리적 의심을 갖는 것이 사기피해를 막는 방법이다.

이메일 무역사기 대비법

무역사기의 경우, 사기 계좌에서 대금이 이미 출금되었다면 피해 기업이 되찾을 가능성은 희박하다. 셀러 측 가담자를 의심해 형사신고를 하거나 해킹을 문제삼아 민사소송을 제기하면 오히려 피해 기업의 사업상 신뢰가 실추되고 금전상 손실을 가중시킬 수 있다는 점을 명심해야 한다. 사전 예방이 무엇보다 중요하다.

이메일을 악용한 비즈니스 스캠을 예방하려면 우선 유선과 팩스 등으로 다중 확인을 해야 한다. 계약업체로부터 거래정보 수정 관련 연락을 받았을 때는 먼저 경각심을 갖고 다른 연락 수단을 이용해 상대 기업에게 사실 여부를 반복 확인해야 한다. 발신자 이메일 주소와 첨부 문서, 이메일 서명을 세밀히 대조하는 습관을 들여야 한다.

스캠 사례의 공통점은 셀러와 바이어 사이의 언어소통 문제 때문에 업무를 이메일로만 처리했다는 점이다. 거래정보가 갑자기 변경되더라도 유선이나 팩스 등 다른 커뮤니케이션 수단을 활용하지 않아 문제가 발생했다. 의심스러운 메일을 수신했다면 유선 외에도 다중으로 담당자에게 직접 사실을 확인하려는 태도가 필요하다.

KOTRA는 현재 86개국에 127개 해외 무역관을 설치해 우리 기업들을 지원하고 있다. 베트남은 하노이와 호치민 두 곳에 KOTRA 무역관을 두고 있다. 언어장벽 때문에 베트남 업체와 유선을 통한 소통이 어렵다면 KOTRA 하노이 무역관이나 호치민 무역관에 도움을 요청하는 방법도 있다는 것을 알아두면 좋겠다.

나는 베트남에 정착하기 전 태국과 말레이시아에 거주했다. 50대 늦은 나이에 자녀들과 이민을 떠나 새로운 곳에 정착하는 것은 쉽지 않았다. 베트남에 온 지 벌써 2년 가까이 되어가지만 여전히 적응하는 중이다. 베트남에 오기 전에는 약 2년 동안 말레이시아에서 살았다. 주변 지인들은 말레이시아도 살기 좋다고 했지만 우리 가족에게는 맞지 않았다. 종교적 문제와 문화적 장벽 때문에 말레이시아에서 베트남으로 거주지를 옮기게 되었다. 무엇보다 말레이시아와 달리 사람들이 밝고 활기차 좋았다.

처음 베트남에 정착하기 전 여행삼아 몇 번 오가며 현지 문화에 적응하는 시간을 가졌다. 많은 이민자들이 고민하는 비자 문제는 아직도 숙제로 남아 있다. 현재 여행비자로 기간을 연장해 지내고 있다. 처음에는 1년짜리 상용비자를 발급받아 지냈는데 외국인에 대해 엄격해지면서 상용비자 신청이 어려워진 상태다.

호치민에 정착한 후 초기에는 공안이 거주등록증을 확인하기 위해 불시에 집으로 찾아오기도 했다. 얼마나 기분이 나쁘고 감정이 상했는지 모른다. 공안이 우리 집을 찾아왔다는 것은 주변 이웃 누군가가 우리를 신고했다는 뜻이다. 별로 눈에 띄는 행동도 하지 않았고 가족끼리 조용히 지냈는데 공안이 세 번이나 찾아와 거주등록증을 확인했다. 처음에는 말도 안 통해 얼마나 놀라고 당황했는지 모른다.

베트남에 정착하면서 작은 편의점을 해볼 생각이었지만 예상보다 높은 임대료에 엄두가 나지 않았다. 서울 시내 정도는 아니지만 경기도 주변 지역에 편의점을 차릴 정도의 투자 금액이었다. 처음 해보는 사업이어서 불안감도 있었지만 한 번 까먹으면 회복하기 쉽지 않다는 생각에 사업 구상은 일단 접었다.

눈을 돌린 것은 바로 부동산이었다. 베트남 부동산중개업은 전망도 밝고 평생 직장으로 나이 들어서도 할 수 있겠다고 생각했기 때문이다. 그리고 김효성 대표가 진행하는 수업을 수강하고 현재는 베트남어 공부와 공인중개사 시험을 준비하는 중이다. 늦은 나이에 뭔가 새로 시작하니 분명히 두렵지만 설레기도 한다.

베트남 생활은 전반적으로 만족하지만 힘든 점이 두 가지 있다. 대중교통 시설 부족과 어려운 문화 습득이다. 여자인 나는 혼자 택시 타기가 매우 꺼려지고 두렵다. 말레이시아에 있을 때는 지하철이 잘 되어 있어 편하게 이용했는데 베트남은 현재 이용가능한 교통수단이 버스밖에 없어 불편하다.

　문화 습득도 어려운 점이다. 한국에서는 문화센터 강의 등 저렴하게 배울 수 있는 공간이 많지만 이곳은 아직 그런 문화가 정착되지 않아 배움의 아쉬움을 채우기가 부족한 실정이다. 하루 대부분은 가족과 식사하고 베트남어 공부와 공인중개사 시험에 대비하고 있다. 타지에 정착하려면 시간과 노력은 필수라고 생각한다.

베트남에서
뭘 해먹고 살까?

단지 현재 베트남이 급부상하고 있다는 이유만으로 사업을 시작하는 것은 무모하다. 어차피 국가는 발전하게 되어 있고 거기에 상응하는 인건비와 토지사용료 상승은 당연한 현상이다. 단순히 발전 가능성이 크다는 이유만으로 베트남을 찾는 것은 위험하다.

VIETNAM

Chapter 06

베트남에서 뭘 해먹고 살까?

1) 베트남, 장밋빛 미래만 생각하면 안 된다

포스트 차이나, 발전 가능성만 바라보지 말라

많은 사람들은 베트남 시장의 성장 잠재력을 높이 평가한다. 현재 베트남은 개발도상국이지만 시장이 곧 폭발적으로 성장할 것으로 예상된다. 한국은 포스트 차이나로 베트남을 선택했고 다양한 산업 분야의 시장에 진출해 있는 상황이다.

베트남의 외국인 투자 1위 국가는 한국으로 3년 연속 그 자리를 지키고 있다. 2017년 누계 기준(1988~2017년 11월), 베트남의 외국인 투자 현황을 보면 한국이 총 576.6억 달러(투자 건수 6,532건)로 가장 많

	국가	투자 건수	총 투자금액 (억, 미국 달러)
1	한국	6,532	576.6
2	일본	3,599	494.6
3	싱가포르	1,967	422.3
4	대만	2,535	309.12
5	영국령 버진아일랜드	748	225.76
6	홍콩	1,275	177.57
7	말레이시아	568	121.87
8	중국	1,812	120.84
9	미국	857	98.56
10	태국	486	86.40
	기타 104개국	4,369	55.34
	총 114개국	24,748	3,187.2

다. 이어서 일본(투자액 494.6억 달러, 투자 건수 3,599건), 싱가포르(투자액 422.3억 달러, 투자 건수 1,967건), 대만(투자액 309.1억 달러, 투자 건수 2,535건) 순이다. 2017년 한 해 총 투자금액은 한국이 81.7억 달러로 일본(89.3억 달러)의 뒤를 이었다.

업종별 베트남 투자 현황을 보면 제조가공업이 1,861억 달러(투자 건수 12,456건)로 전체 업종의 53%를 차지한다. 이어서 부동산업(투자액 532억 달러, 투자 건수 635건), 전기·가스·용수 제조공급(투자액 208억 달러, 투자 건수 115건), 호텔 외식서비스업(투자액 120억 달러, 투자 건수 639건), 건설업(투자액 109억 달러, 투자 건수 1,478건) 순이다.

한국은 베트남 관련 제조가공업 투자 비중이 72%로 가장 높으며 이어서 부동산업, 건설업, 운수·창고업 순이다. 대기업은 물론 상당수 중소기업들도 베트남에 설비 인프라를 구축한 상태다. 베트남 정

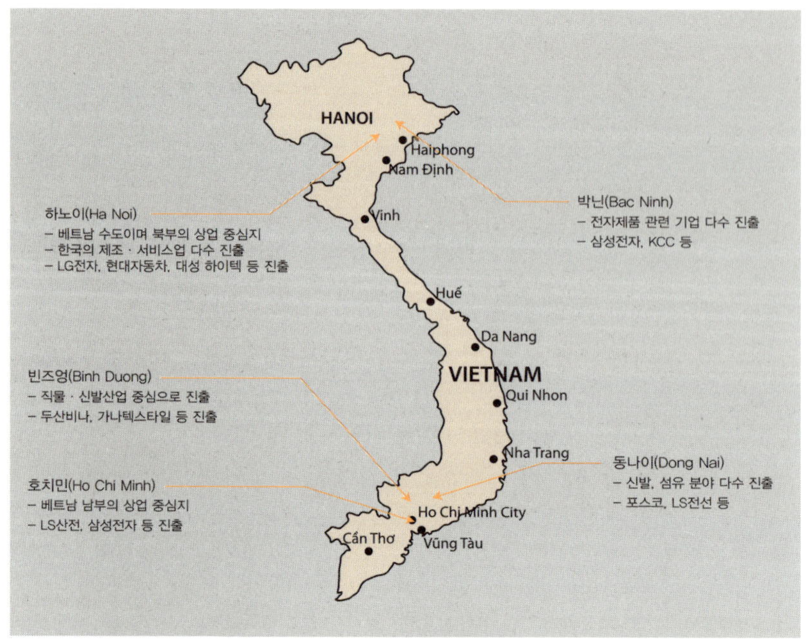

부는 현재 신규 산업 인프라 구축 및 기존 인프라 시스템 개선 등에 집중하고 있다.

주요 구축 분야는 공작기계 제조, 엔진 및 동력기기 제조, 건설기계 제조, 농업 및 가공산업기계 제조, 조선 및 자동차, 전자기계 제조 총 6가지다.

과거 제조업이 중국에 몰렸다가 베트남으로 몰리는 가장 큰 이유는 제조업의 인건비 상승 때문일 것이다. 중국의 인건비 상승은 베트남으로 제조업이 몰리는 요인이 되었다. 1992년 한 · 중 수교 이후 기업 규모를 막론하고 저렴한 인건비와 15억 명 인구의 내수시장에 기대를 품고 우르르 중국으로 몰려갔다.

베트남의 우수한 노동력은 포스트 차이나를 만드는 데 큰 힘이 되었다. 베트남은 아세안 지역에서 인도네시아, 필리핀 다음으로 인구가 많고 젊은 층 비중이 높다. 젊은이들의 교육수준이 높고 책임감도 강하고 임금도 아직 중국의 절반 수준이니 제조업체 입장에서는 좋을 수밖에 없다.

베트남으로 제조업이 몰리면 포스트 차이나가 아닌 포스트 베트남으로 또 다른 제3국으로 옮겨갈 우려가 있다는 점을 명심해야 한다. 중국으로 기업들이 몰려갔을 때 초기에는 좋았지만 인건비가 빠르게 상승하고 토지비용이 오르고 모방으로 출발한 현지 기업들이 무섭게 성장하면서 기회의 땅, 중국의 시대는 막을 내렸다.

현지에 진출한 기업들은 현재 베트남의 인건비와 토지비용이 오르는 것을 조금씩 피부로 느끼고 있다. 지난 10년 동안 토지사용료는 약 3배가 올랐고 개인소득세 외에 근로자와 기업이 분담하는 사회보험료도 인건비 상승 요인으로 작용하고 있다. 기존 사회보험료 산정 기준은 기본급이었는데 2018년부터는 기본급에 수당을 포함한 금액으로 바뀌었다.

중국 현지 소규모 업체들이 그랬듯이 베트남에서도 국내 유명제품을 본뜬 저가 가짜 제품이 나오기 시작했다. 오토바이 헬멧 세계 1위 업체인 홍진 HJC가 혼다의 의뢰를 받아 생산한 헬멧의 경우, 벌써 7개 업체가 가짜 제품을 만들었고 심지어 로고까지 도용한 곳도 있다.

인적 네트워크를 의미하는 중국의 '꽌시(關係)'와 비슷한 '꽌해'도 베트남 투자의 위험 요인이다. 생산시설을 건립하는 토지의 임대 기간은 50년으로 이 임대 기간이 끝난 후 재임대가 가능한지 여부는 알 수 없다. 관련 법령이 미비하다는데 베트남 토지를 50년 동안 써본 외국 투자기업이 아직 없어 선례도 없는 상황이다.

단지 현재 베트남이 급부상하고 있다는 이유만으로 사업을 시작하는 것은 무모하다. 어차피 국가는 발전하게 되어 있고 거기에 상응하는 인건비와 토지사용료 상승은 당연한 현상이다. 단순히 발전 가능성이 크다는 이유만으로 베트남을 찾는 것은 위험하다. 귀농을 준비하는 예비농부가 씨앗 하나 심을 줄 모른다면 과연 귀농에 성공할 수 있을까? 시작부터 확실히 목표를 정하고 정착해나갈 것을 염두에 두어야 한다.

베트남 현지 취업, 한국인이라고 쉬울까?

한국 사회에서 취업이 '하늘의 별 따기'라는 것은 모두 아는 사실이다. 한국의 청년실업률이 10%를 넘나드는 가운데 취업을 위해 베트남으로 눈을 돌리는 청년들이 늘고 있다. '한·베 청년인력 채용박람회'를 주최한 KOTRA의 호치민 무역관 관계자에 따르면 구직 희망자 사전등록 건수는 1,000건을 넘었고 구직을 위해 베트남에 들어온 한국인 청년 상당수가 응시한 것으로 보인다고 전했다.

물론 베트남어를 구사하지 못한다면 취업의 폭은 좁아질 수밖에

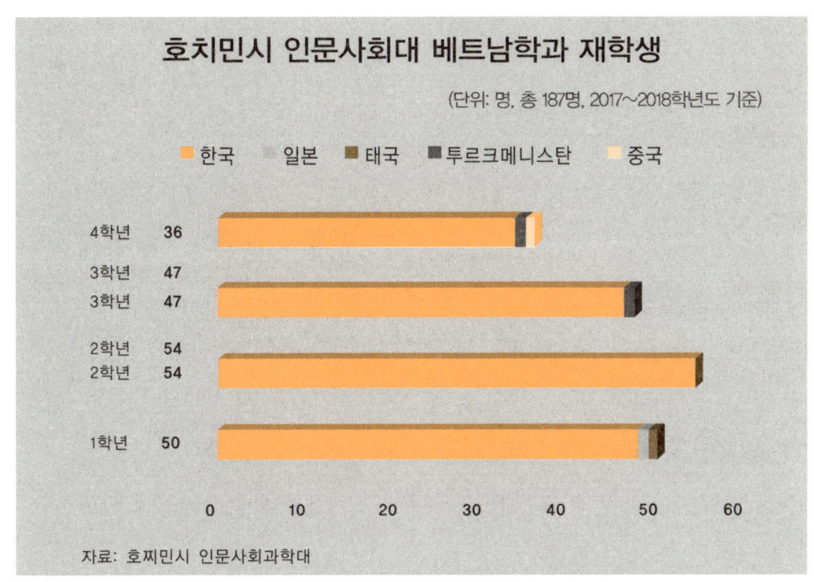

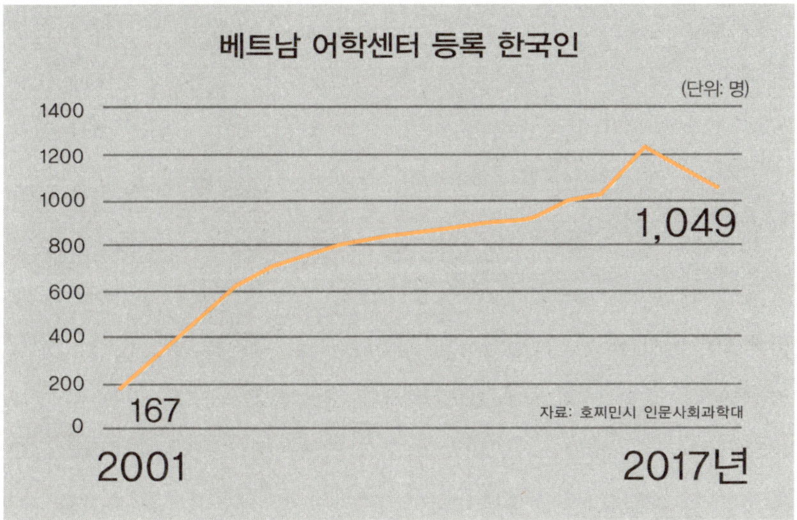

없다. 베트남 내 한국 기업들이 많아지면서 한국인 인재에 대한 선호
도는 높은 편이었지만 현재는 조금씩 주춤하는 상황이다. 과거 한국
어와 베트남어 구사에서 비롯된 경쟁력은 엄청난 수준이었다. 인문사

회대 베트남 어학원에 따르면 한국인 등록 건수는 꾸준히 증가하고 있으며 다수가 구직을 목적으로 한다고 설명했다. 일자리를 찾아 베트남으로 넘어오는 한국인 수강생들이 늘고 있다는 말이다.

베트남 내 한국인 증가와 함께 한국어를 구사하는 베트남 청년들도 늘고 있다는 사실에 주목해야 할 것이다. 한국계 기업 인사담당자는 한국인 직원은 책임감이 더 많이 필요한 곳에 배치하고 현지인 직원은 실무 자리에 배치한다고 설명했다. 그렇다고 안심할 수는 없다. 한국인 인건비의 1/3 이하 수준으로 한국어를 구사하는 현지인에게 눈길이 더 가는 경우가 점점 늘어날 것이기 때문이다.

이제는 단순히 베트남 취업을 준비한다는 이유로 한국인과 경쟁한다는 생각에서 벗어나야 한다. 베트남인들과도 취업 경쟁을 벌여야 한다는 점을 깨달아야 한다. 그렇다고 낙담할 필요는 없다. 베트남어만 완벽히 구사한다면 취업할 수 있는 자리는 많은 상태다.

베트남 부자재 공장의 경우, 전공 불문, 경력 불문 공고가 많이 올라오고 있다. 누구나 지원할 수 있다는 것은 그만큼 대체인력이 많다는 뜻이다. 또한 단순 노동이므로 연봉 수준이 낮고 작업량이 많은 것이 특징이다. 현재 기업 구인자의 초봉은 낮아지고 있으며 인력을 구하는 기업 공고도 줄고 있다는 사실을 알아야 한다.

베트남의 실업률은 얼마나 될까?

취업에 앞서 현재 베트남의 실업 현황을 알아두는 것이 좋겠다. 한국보다는 심하지 않지만 베트남 고학력자들도 청년실업 문제에서 자유롭지 않다.

2017년 4분기 기준, 베트남 전체 실업률과 도시지역 실업률은 각각 2.19%와 3.11%로 전년 동기(각 2.31%, 3.24%) 대비 감소했다. 이

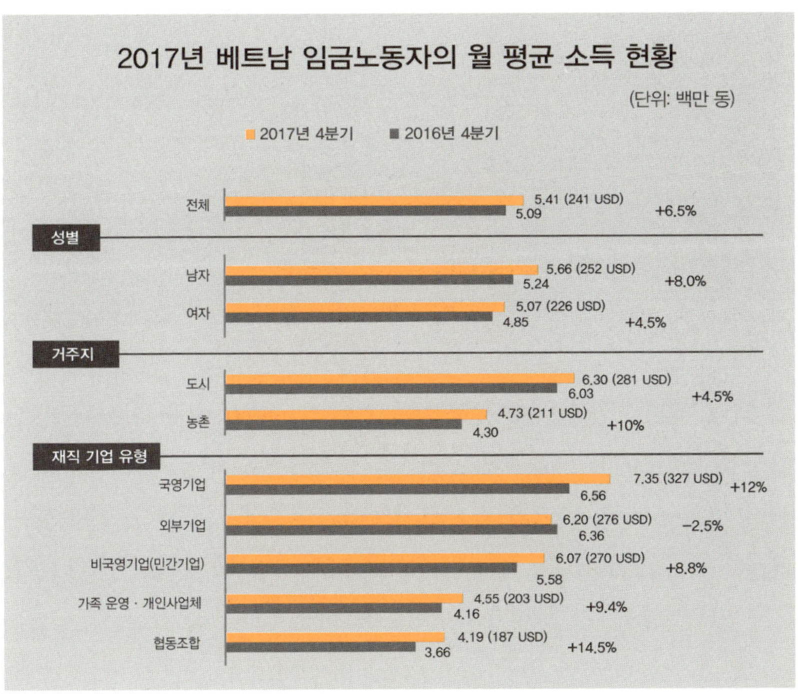

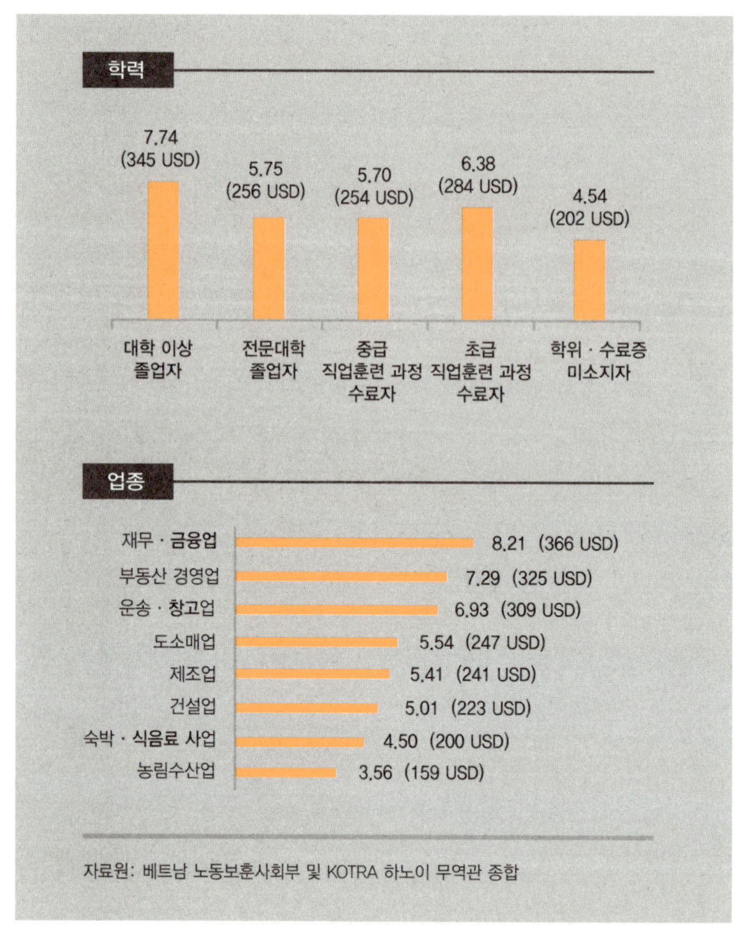

에 대해 베트남 노동보훈사회부는 지난해 3분기 이후 지속된 경제 활성화 특히 제조업 중심의 공업 및 서비스 부문의 경기회복과 신설 기업 증가에 따른 일자리 증가가 실업률 감소에 기여한 것으로 분석했다.

2017년 4분기는 7.07%로 0.21%p 하락했지만 여전히 7%대의 높은 실업률이 계속되고 있어 청년실업 우려는 사라지지 않은 상태다. 고학력자 실업문제도 심각한 사회문제로 대두된 지 오래되었다. 2017년 4분기 베트남의 대학 이상 졸업자와 전문대 졸업자의 실업률은 각각 4.12%와 4.32%로 일반 실업률과 저학력 노동인구 실업률의 2배에 달한다.

베트남 현지 언론에 따르면 일부 청년들은 대졸 학력을 숨기고 공단 생산직에 취업하기도 했다. 베트남의 학력별 청년(15~24세) 실업률은 4년제 대학 졸업자 17%, 전문대 졸업자 14%, 중급 직업훈련 과정 수료자 11%, 단기 직업훈련 과정 수료자 6%다.

베트남 내 대학 재학생 및 졸업자가 급증한 것은 대학 진학을 경제적 안정과 사회적 성공의 기반으로 생각하는 사회적 분위기 때문이다. 2000년대 초반과 비교해 급증한 대학기관 수로 보면 국가발전을 위한 인력 양성을 목표로 고등교육기관 확대를 적극 추진해온 베트남 정부 정책도 대학진학률 상승에 상당 부분 기여한 것으로 볼 수 있다.

2017년 베트남 취업시장 구인 · 구직자 간 급여 눈높이

구분	관리직	경력직	대졸 초임
구인기업 제시 최대 비중 급여 구간	$701~$1,000	$251~$500	$251~$500
구직자 최다 조회 급여 구간	$1,001~$2,000	$701~$1,000	$701~$1,000
구직자 최다 지원 급여 구간	$1,001~$2,000	$251~$500	$701~$1,000

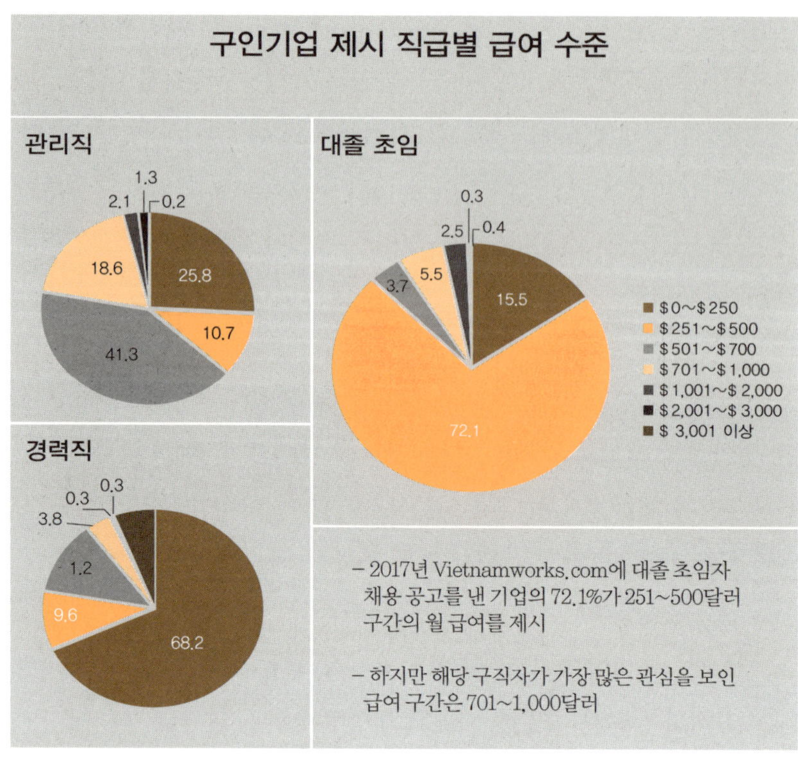

　　기업과 구직자 간 급여차는 고학력화로 청년들의 눈높이가 높아
진 반면, 기업들이 제시하는 급여 조건에는 큰 변화가 없었기 때문이
다. 대졸 초임자의 직무능력에 대한 기업들의 기대수준은 전반적으로
낮은 편으로 이들에 대한 급여수준도 크게 개선되지 않아 간극을 좁
히지 못하고 있다.

베트남 회사 취업

베트남 현지 한국계 기업이 선호하는 연령은 20대 후반부터 30대 중반이다. 해당 부문 베트남 경력자를 가장 선호하며 영어 우수자, 베트남어 우수자 순으로 선발한다.

주 베트남 대한민국 대사관, KOTRA 하노이 무역관, 산업인력공단 베트남 EPS 센터가 2019년 베트남 하노이 채용상담회(17개 기업)를 개최한 결과, 베트남 현지 한국인을 채용하는 구인 직종은 36%로 관리직이 가장 높으며 24% 사무직 종사자, 12% 전문가 및 관련 종사자, 12% 서비스업 종사자 순으로 나타났다.

하지만 실제로 KOTRA가 진행한 채용상담회 참가기업 설문조사 결과, 위의 구인 조건과 약간 상반되었다. 약 59%의 답변이 한국인

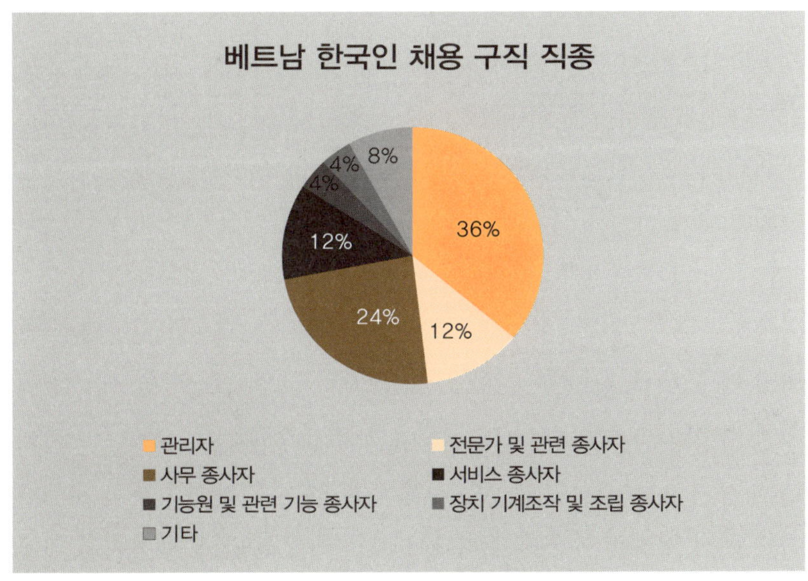

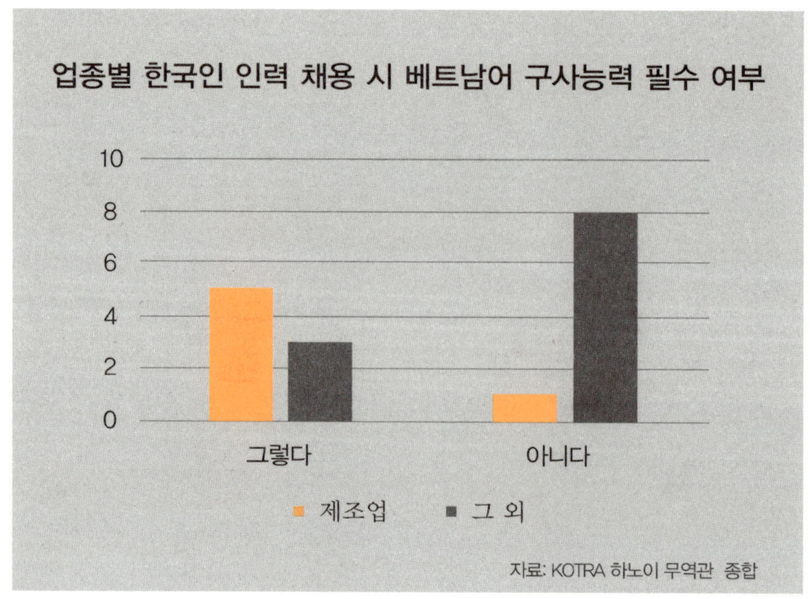

인력 채용 시 베트남어 구사능력이 중요하지 않다고 답변했다. 특히 제조업을 제외한 약 88%의 기업에서 베트남어 구사능력이 필수로 요구되지 않았다.

KOTRA가 진행한 채용상담회 참가 기업에 따르면 절반 이상의 기업이 베트남어 구사능력을 필수사항으로 여기지 않으며 베트남어보다 영어 능력을 중시한다는 것을 확인할 수 있다. 베트남어가 다소 미흡하더라도 베트남 취업의 벽은 높지 않으며 중·상급 영어 수준이면 베트남 취업에 충분히 도전할 수 있을 것으로 보인다. 베트남 현지에서 한국인 채용 시 언어 구사능력 외에도 28%가 인성 및 태도, 19%가 직무, 기술능력을 고려 요인으로 여기고 있었다. 직무 이해능력과 해외 취업에 대한 열정을 내세운다면 베트남 취업은 결코 어려운 것만은 아니다.

　베트남에 진출한 기업들이 가장 중시하는 요소는 직무 이해능력과 영어 구사능력이다. 주로 국제적인 업무를 처리해야 하므로 비즈니스 영어 준비가 베트남 취업에서 중요하다. 베트남어를 현지인처럼 구사할 수 있다면 금상첨화이겠지만 일정 수준 이상만 구사할 수 있다면 현지 기업 취업이 가능하다고 할 수 있다.

한국에서 팍팍한 삶을 말하면 무슨 소용인가? 대학 졸업을 앞둔 시점부터 취업 고민은 계속되었다. 한국에서 취업 자리를 알아보다가 눈을 돌린 곳이 베트남이었다. 외국생활에 대한 로망도 있었고 다른 나라의 문화도 체험해보고 싶은 마음이 강했다. 대학 졸업 후 베트남 현지 기업 취업을 물색해보던 중에 때마침 베트남 인턴 프로그램을 접하고 도전해 인턴교육을 마치고 정식 취업하게 되었다.

베트남 회사 내에서는 특별한 경력이 없더라도 인턴 프로그램을 수료한 사원들에게는 우호적인 면이 많았다. 아무래도 같은 주재원으로 입사했지만 영어는 잘 구사하더라도 베트남어는 거의 사용하지 못하는 경우가 많았다. 해당 업무 경험이나 경력이 부족해 회사 내에서는 크게 인정받기 어려운 실정이었다. 나는 인턴을 경험하며 약간의 회화가 가능한 베트남어 실력을 갖추었고 회사생활에서 요긴히 활용할 수 있었다.

회사는 경력직을 선호했다. 신입사원이라는 이유로 베트남인 직원과는 10배 이상의 급여차가 난다. 당연한 얘기지만 회사 입장에서는 높은 급여를 지불하는 이상, 경력자를 선호하는 것이다.

　신입의 경우, 관리직에 오르기 전에 한국인과 베트남인 직원 사이의 연결고리 역할을 하거나 영업 업무를 하는 경우가 많은데 대부분 한국인 대상 영업이었다. 나도 관리직 밑에서 일을 배우며 매니저의 업무를 도왔다. 주요 관리직에 오르기는 결코 생각처럼 쉽지 않았다.

　3년 동안 주재원 생활을 마무리하고 한국으로 돌아왔다. 베트남에서 다양한 인맥을 쌓고 다른 문화를 접해본 경험은 여러 가지로 큰 의미가 있었다. 누군가 베트남 취업을 물어본다면 흔쾌히 추천하기는 어려울 것 같다. 특히 신입이라면 더 그렇다. 단순히 베트남이 유망해졌다는 이유만으로 베트남에 취업한다면 직업적인 모호함이나 회의감이 들 수도 있다. 베트남 정착에 대해 심각하게 고민하고 결정했거나 경력직 취업을 생각한다면 현지 회사 취업을 추천하고 싶다. 베트남 취업을 생각한다면 어느 정도 베트남어를 공부해오는 것이 좋다. 그렇다고 무작정 베트남어만 공부하는 것은 추천하지 않는다. 기본적으로 영어가 가능한 상태에서 베트남어를 구사할 수 있다면 플러스 요인이지만 베트남어만 잘한다면 원어민급이 아닌 이상, 별 쓸모가 없다. 영어가 가능한 상태에서 초등학교 수준의 베트남어를 구사하는 것이 가장 바람직하며 취업에도 큰 도움이 된다.

한국에서 베트남 취업 알아보기

■ 월드 잡 플러스

해외 취업을 장려하기 위해 정부가 만든 사이트다. 가장 일반적인 방법으로 많은 구직자들이 방문하고 있다. 해외에 설립된 한국 기업의 구인공고를 확인할 수 있으며 국가 항목에서 베트남을 설정해 검색하면 베트남 소재 기업들을 확인할 수 있다. 대부분 연봉액과 복지 사항이 기재되어 있지만 만약 기재되어 있지 않다면 면접 때 반드시 물어보아야 한다.

■ 세계 한상대회 해외 인턴십

2015년부터 시작된 인턴제도로 정규직 전환이 가능하다. 매년 한상대회 일정에 맞추어 공고가 올라오며 미리 확인해 원하는 회사에 지원하면 된다. 구인 회사는 매년 달라지며 전 세계 한국 기업들의 구인정보가 올라오니 베트남 회사로 검색하고 지원하면 된다.

■ 대우 글로벌 청년사업가 양성 과정

대우 김우중 회장이 만든 동남아 인재 양성 프로그램이다. 동남아 지역 지원이 가능하며 베트남에서 가장 많이 선발한다. 1년 동안 전액 지원을 받으며 국가의 문화와 언어를 공부하고 사업가·중간관리자 교육을 받게 된다. 1년 후 창업하거나 기업과 매칭시켜주는 프로그램으로 동남아 취업을 생각하는 사람들에게 유용한 프로그램이다.

■ 취업 사이트·헤드 헌터

일반적인 취업 사이트에서도 베트남 현지 회사의 구인광고를 확인할 수 있다. 구인광고가 많이 올라오는 편은 아니지만 쉽게 빨리 확인할 수 있는 방법이다. 경력직인 경우, 헤드 헌터의 도움을 받는 것이 좋다. 경력직은 베트남 취업 시 헤드 헌터들의 소개로 이직하는 경우가 대부분이다. 링크드 인은 전 세계 취업 SNS로 수많은 헤드 헌터들이 활동하는 공간이니 이 사이트도 참고해두면 좋다.

베트남에서 베트남 취업 알아보기

■ KOTRA K-Move 취업박람회

KOTRA 해외 무역관을 활용해 수시로 구인 수요를 발굴하고 해외 취업의 장을 마련해 국내 청년 인재의 해외진출을 지원해주는 제도다. 베트남 무역관에서 취업박람회가 개최되며 네이버 카페에서 관련 정보를 확인할 수 있다. 양질의 해외 기업을 다수 초청해 국내 구직자와의 1:1 상담 기회를 제공하고 연 2회 취업설명회도 개최한다.

■ 현지 교민 잡지 활용

베트남 한인 잡지는 다양한 이름으로 발행되고 있다. 한인 사회나 베트남 사회의 이슈를 다루는 한인 잡지로 뒷면에서 구인광고를 확인할 수 있다. 구인광고 번호로 담당자와 직접 연결이 가능하며 잡지는 한인 식당이나 상점에서 볼 수 있다.

경력직이라면 현지 헤드 헌터의 도움을 받아 취업하는 것이 좋다. 정보가 제한적이므로 헤드 헌터의 도움을 받아 구인하는 것이 가장 쉽고 빠른 방법이다.

베트남에서의 창업

베트남에서 소기업이나 개인 창업을 한다면 업종별로는 요식업, 제조업의 비중이 높다. 최근 키즈(Kids), 문화 관련 창업이 증가하는 추세다. 대부분 한국인 대상의 식당, 부동산중개소 외에도 카페, 베이커리, 실내 골프장, 키즈 카페 등의 서비스업이 다변화되는 추세다.

가장 인기 있는 직종은 요식업이다. 요식업은 한국인 고객을 타깃으로 창업하는 경우가 대부분이다. 요식업은 시작하기 쉽다는 이유로 많은 한국인이 관심을 가진 업종이다. 더구나 진입 장벽이 높지 않다는 장점도 있다. 요식업은 지금 당장은 호황을 타고 잘 되더라도 언제든지 극심한 경쟁에 노출될 위험이 있어 안심하기 어렵다.

한인촌을 중심으로 생긴 식당은 1년도 못 채우고 간판이 바뀌는 것을 쉽게 볼 수 있다. 팥빙수 '설빙', 떡볶이 전문점처럼 한국 문화 코드와 결합한 트렌드 상품을 들여오는 경우, 경영성과가 높은 것으로 분석되고 있다.

베트남에서 식당은 어떻게 오픈할까?

베트남에서 한식 전문점을 개업하려면 먼저 많은 요소들을 고려해야 한다. 아이템이 한국에서 인기를 끌었다고 베트남 현지에서도 반드시 통한다는 보장은 없다. 아이템 선정도 중요하지만 점포 계약, 사업자 등록, 인 · 허가 문제 등 다양한 부분들을 신경써야 한다.

식당 오픈 전에 입지 선정이 가장 신경 쓰인다. 입지 선정에 앞서 베트남 현지 로컬 상권을 공략할 것인지 아니면 한인 상권에 자리잡을 것인지 선택해야 한다. 대부분 처음 시작하는 창업자라면 비교적 안전한 방법으로 한인 상권을 선택한다. 한인 상권은 한국 교민 수요가 있어 초반에는 사업체를 비교적 안전하게 운영해나갈 수 있다. 베트남의 한인 타운인 '푸미흥' 상권은 거주 한인만 10만 명에 육박한다.

한인 상권은 노인 인구는 거의 없고 대부분 주재원 가족인 성인층으로 구성되어 외식업 소비가 큰 만큼 안정적이지만 대부분의 요식업체들이 들어와 있으므로 자신만의 경쟁력 있는 메뉴 설정이 중요하다. 특히 한인 상권은 규모는 크지만 현상 유지만 가능하므로 사업 확장은 크게 기대하기 어렵다는 한계도 있다.

로컬 상권은 규모가 크고 한류 열풍도 기대해볼 수 있다. 그만큼 입지 선정이 중요하며 아이템 선정에도 신경써야 한다. 로컬 상권은 위험부담도 크지만 '대박'도 있다는 매력이 있다. 한국적이면서도 베트남인 정서에 부합하는 아이템이 있다면 과감히 도전해볼 수도 있겠다.

로컬 상권 창업을 계획한다면 오토바이 동선을 살펴보아야 한다. 모두 잘 알다시피 베트남의 주요 교통수단은 오토바이다. 무려 4,800만 대의 오토바이가 등록되어 있는 만큼 보행고객이나 차량고객보다 오토바이 동선을 면밀히 분석해야 한다. 오토바이의 접근성을 고려해 자리를 선정해야 하는 만큼 오토바이 주차에도 신경써야 한다.

점포 계약은 어떻게 할까?

호치민의 경우, 부동산 가격이 계속 상승하는 추세다. 그에 따라 점포 임대료도 자동적으로 오르고 있다. 안정적인 영업을 위해서는 계약 기간을 3년 이상 하는 것이 유리할 수 있다. 베트남은 층별 계약이 어려우며 1층은 가게, 2~3층은 살림집으로 활용하는 경우가 대부분이다. 3층 건물을 통 채로 사용한다면 임대료가 비싸니 층별 활용법을 고민해보는 것이 좋다. 물론 1층만 계약하는 경우도 있지만 일반적으로 어렵기 때문에 건물 전체를 이용하는 경우가 많다. 임대료 대비 월 매출을 예상해보고 수익성이 없다면 그 곳을 계약하지 않는 것이 현명하다.

계약서는 일반적으로 2중 계약서를 작성한다. 두 개로 계약서를 쓰며 하나는 세무서 신고용으로 실제 계약보다 낮춘 계약서를 쓰며 이것으로 공증하게 된다. 공증 후에는 관할 경찰서에 신고하고 외국인 거주 등기를 할 수 있다. 거주 신고를 하려는 외국인은 비자 만료 기간이 6개월 이상 남아 있어야 공증할 수 있다.

다른 하나는 실제 계약서다. 베트남 현지인의 이름을 빌려 사업자 등록 허가를 받는 경우, 또 하나의 계약서가 추가된다. 이것도 공증해 관할 세무서에 가져가 제출해야만 사업자등록증이 발급된다.

보통 베트남에서 식당을 운영하는 경우, 베트남인을 내세워 개인 사업자를 내게 된다. 한국인 명의로 개인사업자를 내는 것이 쉽지 않 기 때문인데 개인사업자보다 법인사업자로 내는 것이 안정적이다. 법인으로 사업자를 내는 경우에도 베트남인을 대표이사로 내세우게 된다.

한국인 사업자등록

2015년 이후로 현재 베트남 현지 식당은 100% 외국인 투자회사 설립이 허용되고 있다. 외국인의 경우, 개인 창업도 법인 설립 형태를 갖추어야 하며 반 베트남인의 경우, 회사법인 형태가 아니더라도 개 인사업자 형태로도 세무서에 신고한 후 사업할 수 있다.

외국인의 경우, 투자를 하려면 사업 허가(투자허가서=사업자등록증) 를 받고 이것을 취득하면 법인 설립으로 간주한다. 식당 운영을 위해 서는 식당 식품안전위생증명서, 식당 소방증명서, 식당 주류 취급 권 한(식당 라이센스에 포함) 등을 취득해야 한다.

베트남 현지인 명의로 사업자등록을 내야 할까?

　이제 막 베트남에서 사업을 시작하는 경우, 사업자를 베트남 현지인 이름으로 내야 하는 것이 당혹스러울 수밖에 없을 것이다. 베트남인 명의로 사업자등록을 하는 이유는 간단하다. 외국인 명의보다 베트남인 명의로 하는 것이 더 유리하기 때문이다.

　베트남은 자국민이 사업자등록을 내는 경우, 등록 기간이 1개월이면 절차를 마치지만 외국인의 경우, 너무 오래 걸린다는 것이 중론이다. 2015년부터 개방되어 100% 외국인 투자법인 형태의 식당 개업이 가능하지만 행정 절차가 3개월가량 더 걸린다. 3개월 동안의 임대료 부담이 있으므로 베트남인 명의로 라이센스 취득(약 3주) 후 영업하면서 나머지 식당 운영에 필요한 각종 승인이나 증명서를 발급받는 것이 더 편리하다고 생각된다.

　베트남인 명의로 사업자등록을 할 경우, 개업 후 지분 인수 절차를 통해 운영권을 장악(100% 외국인 지분 인수 가능)하거나 식당 전문경영인(CEO)으로 취임하는 방법을 쓰고 있다. 하지만 여기에도 숙제가 있다. 믿을 만한 베트남인을 찾아야 한다는 것과 베트남인으로 법인사업자를 낼 때 명의를 빌리는 기간 동안의 비용도 고려해야 한다는 것이다. 베트남인의 명의를 빌리려면 한국 돈으로 매월 약 20만 원을 지불하는 것을 일반적으로 보고 있다.

　베트남에서는 사업자등록 외에도 신경쓸 부분이 많다. 직원 위생교육, 소방검사 등도 거쳐야 할 절차 중 하나다. 베트남에서 영업을 하게 되면 공안, 지역 경찰국, 소방 당국과 마찰이 발생하게 된다. 그들은 매월 일정 금액을 세금 명목으로 가져가기도 하는데 베트남인 명의의 식당은 별로 문제삼지 않지만 외국인 사업자에게는 매월 비공식적인 비용을 요구하기도 한다. 지역마다 특징이 다르니 창업 전에 이 점도 확인해두는 것이 좋겠다. 현재 푸미흥 지역에서는 위와 같은 비공식적인 비용 요구는 없는 것으로 알고 있다.

창업 후 인력관리 시 주의점

베트남의 인건비는 매우 저렴한 편이지만 한국어를 알아듣는 직원을 구하기가 힘든 것이 사실이다. 한국어를 못하더라도 성실한 직원을 뽑기는 매우 어렵고 처음 창업했다면 매니저급 인력을 신중히 선택해 선발해야 한다.

어느 정도 한국어가 통하는 인력은 40~50만 원, 많으면 70~80만 원의 급여를 지불해야 한다. 한국 요리를 할 수 있는 인력이라면 적어도 150~200만 원의 급여를 생각해야 할 것이다. 노동집중도가 많이 떨어지므로 이 부분도 간과하면 안 될 것이다. 믿을 만한 현지 직원을 확보하고 인간적인 관계가 수립된다면 향후 인력관리에도 많은 도움을 받을 수 있다.

베트남인 인력관리 문제는 사업운영자라면 누구나 공감할 것이다. 그만큼 중요한 동시에 어렵고 까다로운 부분이기 때문이다. 한국인의 급한 성격과 베트남인의 느긋한 성격이 충돌을 일으키는 경우도 많다. 충돌이 가장 흔한 경우는 일반적으로 베트남인들이 명백한 증거가 나오기 전까지는 자신들의 잘못을 인정하지 않는 것이다. 잘못을 인정할 때도 웃음으로 때우는 경우가 많은데 이때 한국인 관리자들은 이것을 비웃음으로 오해하고 쉽게 흥분해 큰 문제로 비화되기도 한다. 차분히 설명하고 가르치고 똑같은 실수를 반복하지 않도록 만드는 것이 중요하겠다.

임금 수준과 지식 수준이 낮다는 이유로 베트남인을 함부로 대하면 안 된다. 베트남인들은 오히려 미국, 중국, 프랑스 등의 강대국들을 몰아내고 독립국가를 세웠다는 민족적 자긍심이 매우 높으니 그들의 자존심을 건드리지 않는 것이 좋다.

의사소통 문제, 외국인에 대한 배타적 감정 등에 대처하려면 유능한 현지인 매니저를 활용하는 것이 여러 모로 유리하다. 특히 징계, 해고 등 껄끄러운 사안을 처리할 때보다 융통성이 높아진다.

베트남 제조업의 시작은?

베트남의 저렴한 인건비 때문에 제조업에 관심을 가진 한국인들이 많다. 베트남의 내수 잠재력을 고려하면 제조업 창업 여건은 한국보다 유리하다고 할 수 있다. 베트남의 산업수준은 낮지만 최근 소비성향이 강해지는 만큼 품질은 물론 가격에도 민감하다는 특징이 있다.

사업 시작에 앞서 창업투자 단계와 운영 단계로 나누어 볼 수 있는데 사업 부지나 사무공간 확보가 중요하다. 2015년 개정된 주택법에 의거해 현재 외국인은 베트남에서 아파트를 구입할 수는 있지만 토지나 단독주택 구입은 금지되어 있다.

창업 시 공장 부지로 토지나 사무공간으로 단독주택을 매입할 수 있다면 월세 등의 운영비 절감이나 향후 시세차익 기회도 많아 이 부분을 매력적으로 생각하는 사람들이 많다.

베트남인 명의로 부동산을 구입하려는 사람들이 많은 것은 사실이지만 최근 차이나 머니의 '차명 투자'가 사회적 문제를 일으켜 베트남 정부가 대대적인 단속에 나선 상황이다. 베트남인 명의로 부동산을 구입하는 것은 법적 보호를 받기 어려운, 매우 위험한 방식이니 추천하지 않는다. 명목상 소유주인 베트남인이 변심하거나 법을 어기면서까지 부동산을 구입한 외국인의 이해관계를 베트남 정부가 보호해줄 이유가 없기 때문이다.

환치기 사업투자 방식은 위험

한인 교민사회에서 사업자들은 일명 '환치기'를 이용해 사업에 투자하곤 한다. 환치기는 창업투자금을 외환 신고하지 않고 한국에서 원화를 주고 베트남 현지에서 같은 액수의 베트남 동화를 받아들여와 투자하는 방식이다. 일반적으로 환치기 방법을 많이 활용하고 있고 별 문제가 되지는 않았지만 명백한 불법이므로 나중에 문제가 될 수도 있다는 점을 명심해야 한다.

베트남 정부는 돈세탁의 주요 창구로 이용되는 은행, 부동산, 비공식 송금 등을 예의주시하고 있다. 베트남 정부가 돈세탁 관련 루트들에 대한 감시를 강화할 움직임을 보이면서 한국인 교민사회도 민감하게 반응하고 있다. 호치민, 하노이 등 대도시에서는 이미 일명 비자금 조성이나 신고되지 않은 돈을 송금하기 위해 환치기가 빈번히 이용되고 있다. 돈세탁 조사가 이루어지면 한국인 교민사회도 그 여파를 피할 수 없을 것으로 보인다.

관계당국의 조사를 받거나 향후 투자금을 회수하는 과정에서 환치기 수법이 문제가 될 수도 있다. 현재 베트남에서 투자자금은 정식 외환 신고를 하고 들여온 돈이나 현지에서 세금을 납부한 후 지급받은 급여만 그 재원으로 인정받고 있기 때문이다.

노무관리 및 회계 처리의 중요성

운영 단계에서는 노무관리 및 회계 처리가 중요하다. 베트남은 사회주의 국가인 만큼 속지주의에 의거해 현지 노동법을 준수해야 한다. 노동자의 기본권이 강하며 노동법 자체도 복잡해 예상하지 못한 법적 소송을 당하는 경우도 적지 않다.

한국인이 베트남에서 창업하면 언어장벽도 있으므로 베트남인 HR 담당자에게 노무관리를 맡기게 된다. 베트남 노동법에는 '회사 측이 직접 내규를 만들어 각 성별 인민위원회 산하 복지부에 제출하고 구체적으로 등록해야 한다'라고 명시되어 있는데 HR 담당자가 이런 업무를 모두 숙지하지 못하거나 제때 처리하지 못할 가능성도 있다. 창업자의 입장에서는 파악하기가 힘들어 근로자 관련 문제가 발생할 수도 있다.

일반적으로 외국인 투자기업의 경우, 'Grace Period는 3년이다'라는 속설이 있다. 3년이면 어느 정도 회사가 자리잡는다는 말인데 수익이 발생하는 시점에 세무조사가 들어올 가능성이 크다. 장부 관리나 회계 처리에 유념하는 것이 중요한데 한국에서는 소명만 하면 그냥 넘어갈 수 있는 문제도 베트남에서는 큰 문제로 걸림돌이 될 수도 있다.

회사 자체로 직원을 직접 채용해 회계 처리를 할 수 있다. 매년 매출액이 높고 복잡한 원료 투입에 따른 단위원가 계산이 복잡하고 회사가 재무제표를 수시로 체크해 긴밀한 의사결정을 해야 할 경우, 세무회계 처리를 자체적으로 하는 것이 좋다. 회계 처리 방법은 크게 두 가지로 회계 직원을 채용하거나 외부 회계법인에 분기별 회계 감사보고서 작성을 의뢰하는 것이다. 회계 직원을 채용하는 경우, 직원의 능력을 평가하기가 쉽지 않다. 전문대나 4년제 대학 회계학과 졸업 후 회사에서 회계업무를 수년 동안 담당한 경력을 기본으로 보지만 경력이 전문적인 능력과 반드시 비례하는 것은 아니다.

분기별 회계 감사보고서 작성을 외부 회계법인에 의뢰하는 것은 회계 직원의 업무능력 한계 때문에 회계 직원이 자체 작성한 기장 및 재무제표에서 여러 모순이 발생할 우려 때문이다. 분기별로 전문

CPA 회계사 집단인 외부 회계법인에 의뢰해 경영자용 내부 회계 감사보고서 작성, 문제점 분석과 그에 대한 적시 수정이 필요하다.

한국 법인들은 그 편의성과 신뢰성 때문에 내부 회계 직원을 믿고 그에게 맡기고 있다. 회계 직원의 업무 태만, 회사 공금 유용 그리고 경우에 따라 회사의 약점을 잡고 대표이사를 협박하는 문제도 발생하곤 한다. 경리부서와 회계부서를 분리하는 것이 좋으며 베트남은 모든 문서가 베트남어로 되어 있어 베트남어가 완벽하지 않은 한국인 관리자를 속일 수도 있다.

베트남 관리자의 업무를 관리 · 감독하기 위해 원료 구매 및 투입, 인사관리, 생산관리, 비용 지출, 세금 납부, 수출 · 입 및 매출 부분의 세무회계 처리를 총괄적이고 객관적으로 분석할 수 있어야 한다.

4) 베트남 이민자들의 성공과 실패

베트남에서 성공하려면?

1992년 한국과 베트남의 수교를 시작으로 베트남에 본격적으로 진출하는 사람들이 늘어났다. 성공한 이민자들의 특징을 살펴봄으로써 실패를 줄이고 성공으로 가는 길이 가까워질 수 있다. 다른 사람들의 성공 사례를 벤치마킹하고 실패 원인을 다시 한 번 분석하는 태도가 필요하다.

적극적인 SNS 활용이 필요한 시대

　중국과 마찬가지로 베트남도 관계를 중시하는 국가다. 특히 베트남은 최근 인터넷 사용률이 높아지고 있으며 인터넷을 매일 5.2시간, 모바일 인터넷을 2.7시간 동안 사용하는 것으로 보고되었다. 이것은 한국보다 많은 인터넷 사용 시간을 보여준다. 한국의 1인당 일 평균 인터넷 사용 시간은 4시간 47분(287.5분)으로 나타났다. 베트남의 와이파이(WiFi)는 어디서든 무료 사용이 가능하며 인터넷 연결 속도는 인도네시아, 필리핀 등 타 아세안 신흥국가들과 비교해 훌륭하다고 평가할 수 있을 정도다.

　인터넷이 발달하면서 베트남인들의 SNS 활용도가 높아졌다. 베트

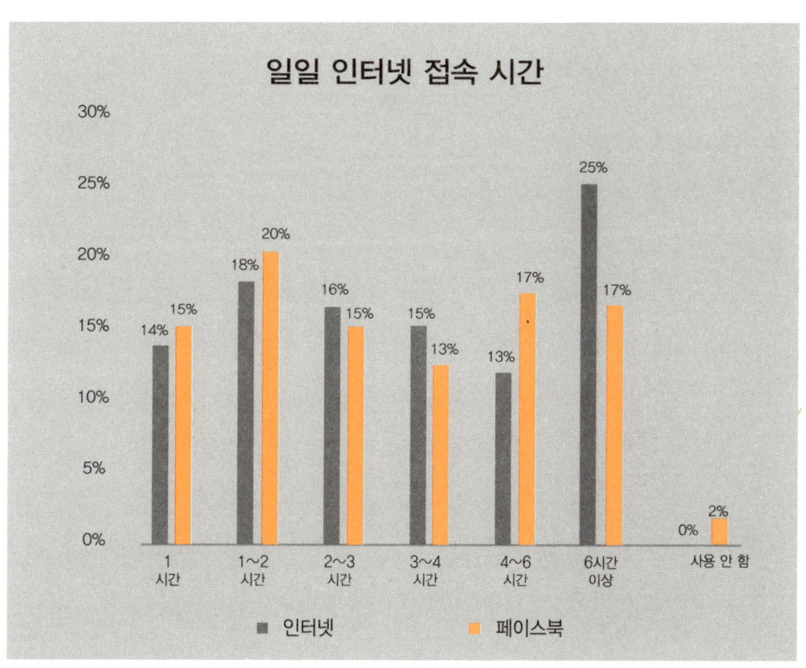

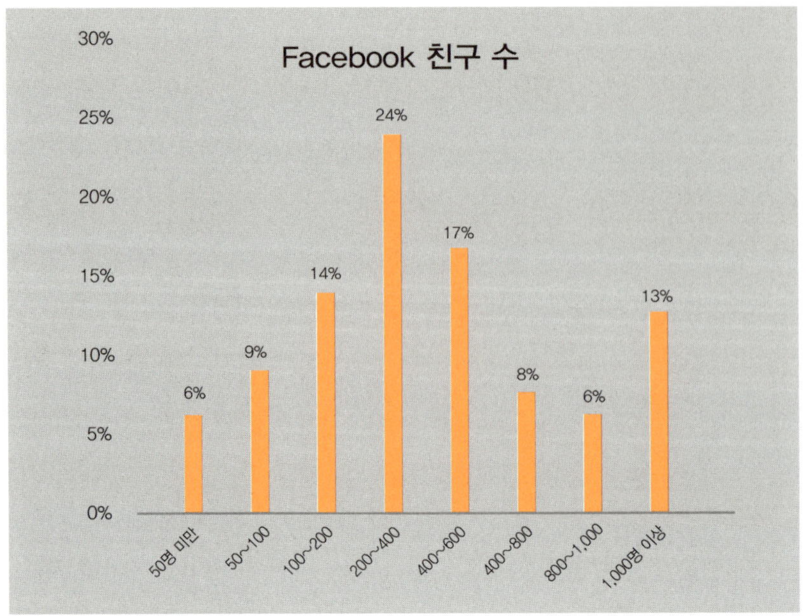

Facebook 친구 수
30%
25%
20%
15%
10%
5%
0%
6%
9%
14%
24%
17%
8%
6%
13%
50명 미만
50~100
100~200
200~400
400~600
400~800
800~1,000
1,000명 이상

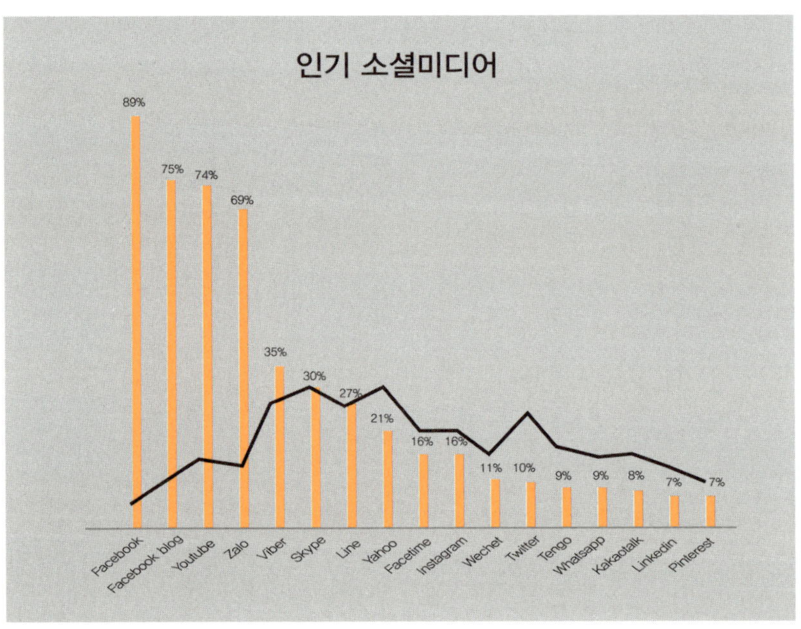

인기 소셜미디어
89%
75%
74%
69%
35%
30%
27%
21%
16%
16%
11%
10%
9%
9%
8%
7%
7%
Facebook
Facebook blog
Youtube
Zalo
Viber
Skype
Line
Yahoo
Facetime
Instagram
Wechat
Twitter
Tengo
Whatsapp
Kakaotalk
Linkedin
Pinterest

남인들은 페이스북(Facebook)을 정보 공유의 장으로 사용할 뿐만 아니라 전자상거래, 파트너 물색 등 다른 창의적 활동으로 이어가고 있다. 베트남인들은 소셜미디어에서 매우 개방적이며 평균 수백 명의 친구를 보유했을 정도다.

베트남에서 한국인 상대 사업을 생각하지 않는다면 베트남인과의 접촉에 대해 민감하게 생각하고 고민해야 한다. 그러기 위해서는 인터넷 사용 시 베트남인들이 가장 많은 시간을 보내는 SNS에 집중하는 것이 좋다. 이것은 중요한 정보 출처의 장으로 활용될 뿐만 아니라 베트남인들의 특징과 최근 경향을 이해하는 데도 매우 유용할 것이다.

또한 베트남인들은 관계를 중시하는 만큼 사람들의 입에서 나오는 말에 의존한다. 베트남인들은 가족간의 유대가 깊고 젊은이들이 부모로부터 배운 것을 전하므로 입소문이 빠르게 퍼진다는 특징이 있다.

베트남 광고시장 매출은 80% 이상이 TV로 이루어지며 이것은 베트남의 주요 광고주가 전국에 상대적으로 나이 많은 사람들을 소개해야 하는 식품회사와 FMCG 등이다. 베트남에서 상대하고 싶은 대상에 따라 광고 방법의 다변화를 꾀하는 것도 좋을 것이다.

소비자를 상대하는 비즈니스의 성공 열쇠는 베트남인들을 이해하는 것이다. 연령, 결혼 상태, 소득, 지역 등의 수많은 요인에 의한 생활

양식이 다른 만큼 대상 고객에 대한 생활양식, 의견, 제품 인지 방식
등을 이해하는 것이 좋다.

한인타운 '푸미흥'에서 성공하려면?

베트남인이 아닌 한인을 상대하는 사업에 눈길이 가는 이민자들
이 많을 것이다. 최근 소상공인, 프랜차이즈 업체들도 베트남 시장에
관심을 보이고 있다. 가장 큰 관심을 보이는 업종은 요식업이다. 많은
식당들이 생기고 있지만 요식업으로 성공한 식당은 생각보다 적다.

가장 많은 한국인들이 찾아오고 창업 준비를 하는 지역은 베트남
의 한인타운 '푸미흥'이다. 푸미흥은 호치민 7군 외국인 상권으로 알
려져 있으며 베트남인들에게는 부촌으로 인식되고 있다. 베트남 전체
한국인 교민 중 50% 이상이 푸미흥에 거주할 정도로 한국인들이 생
활하기에 매우 편리한 지역이다.

한인타운에서 성공한 식당들은 대부분 고깃집이라는 것을 확인할
수 있다. 고깃집은 한국에서도 흔히 찾아볼 수 있듯이 베트남에서도
별로 다르지 않다. 메뉴는 한국과 동일한 돼지고기, 소고기 위주로 판
매되고 있다. 그렇다고 모든 고깃집이 중간 이상의 매출을 올리는 것
은 아니다.

푸미흥 상권에 자리잡은 식당들은 보통 대로변에 있다는 것을 확
인할 수 있다. 눈에 띄는 자리인 만큼 베트남인들도 찾아오고 있어 다
양한 홍보효과를 거둘 수 있다.

좋은 상권이 성공의 정답은 아니다

한국인 창업자들의 경우, 자본력 열세를 극복하기 위해 대로변의 상급지보다 골목 안쪽의 중·하급지에 자리잡게 된다. 골목 안쪽 상권에 들어갔다면 골목까지 손님이 들어오도록 만들 시설 경쟁력, 서비스 경쟁력, 마케팅 경쟁력이 당연히 필수적으로 뒤따라야 하지만 이것을 어떻게 해야 하는지 알기 힘든 것이 사실이다.

푸미흥은 베트남의 대표적인 한인타운이다. 그만큼 한국에 관심이 큰 베트남인들이 많이 찾아오고 있다. 호기심 많고 한국에 대해 호감도 품은 베트남 젊은 고객층을 사로잡으려면 한국적인 색채를 보여주어야 한다. 다양한 메뉴 제공은 기본이고 가격도 부담이 없어야 한다. 한식은 비싸다는 인식이 있으니 부담 없는 가격에 쉽게 접근하도록 만드는 것이 중요하다. 현지식 가격 정도라면 한국에 관심을 가진 젊은이들이 한식을 마다할 이유가 없을 것이다.

실제로 다양한 한식 메뉴와 저렴한 가격으로 성공한 식당이 있다. 상권 위치로 해석하면 중간 이하 자리였다. 그런데도 어떻게 성공했는지 궁금할 것이다. 사업주가 찾은 방법은 SNS를 활용한 홍보 마케팅이었다. SNS를 적극 활용한 홍보로 지리적 불리를 극복한 사례다. 특히 베트남에서는 오토바이 상권을 중시하는 만큼 이것을 무시할 수 없다. 하지만 SNS는 찾아오게 만드는 홍보를 가능하게 만들어 이 문제도 극복할 수 있었다.

단순히 매장을 찾아오게 만드는 것만으로 끝나는 것은 아니다. 젊은 층의 수요가 많은 만큼 한국 아이돌 사진은 기본이고 한국 풍경 사진들로 식당 분위기를 업(Up)시키는 것이 중요하다.

현재 베트남 외식 전문기업인 골든 게이트와 레드 선이 운영하는 한식당이 호황을 누리고 있다. 이 업체들이 운영하는 '한국 바비큐관 고기하우스', '킹 BBQ' 같은 한식당들은 한결같이 쇼핑몰 상권마다 최고 노른자위 매장에 위치해 있다. 한국적 컨텐츠로 대형 매장으로 출점하고 있는 것이다.

업체들은 상권 경쟁력은 물론 시설 경쟁력, 서비스 경쟁력, 마케팅 경쟁력에서 한국인 창업자들을 위협하고 압도하는 상황이다. 개인 창업자가 전문기업과 싸워 이기는 방법은 자신만의 독특하고 새로운 방식의 컨텐츠를 개발해 홍보하는 것이다.

베트남 진출, 오리온은 어떻게 성공했나?

베트남에 진출한 오리온은 베트남 제과업계 1위를 차지했다. 베트남 수출액의 20%를 삼성전자가 책임지고 있지만 이것은 내수시장의 성과가 아닌 수출에 의한 것이다.

2019년 베트남에 진출한 한국 업체는 7,700여 개에 달한다. 그 중 베트남에 성공적으로 안착한 기업은 오리온이다. 많은 사람들이 언론 보도를 통해 베트남 가정 제사상에 초코파이가 오른다는 말을 들어보았을 것이다. 그만큼 오리온은 베트남인들이 사랑하는 제과업체로 자리매김했다.

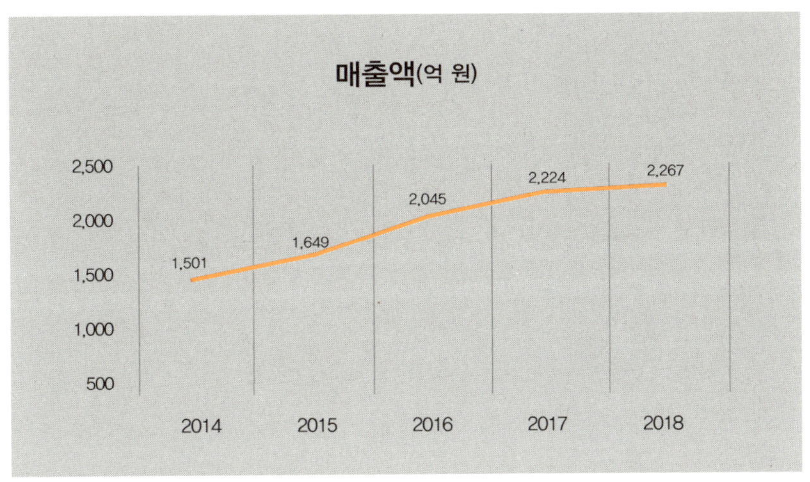

여기서 한 가지, 착오를 일으키면 안 되는 점이 있다. 베트남은 1년에 한 번씩 치르는 한국의 제사 문화와 달리 매일 집 한 곳에 제사상이 모셔진다. 이 제사상에는 담배, 과일, 과자 등이 올려지는데 여기에 오리온 초코파이가 올려지는 것이다. 베트남인들이 초코파이를 얼마나 좋아하는지 알 수 있는 대목이다.

골목 상권 공략을 통한 성공

오리온이 처음 베트남에 진출하면서 진열 공간을 확보하기 위해서는 점 조직 형태의 대리상을 통해 납품해야만 했다. 대리상 영업관리는 가격정책이 천차만별인 만큼 물건 공급에 대한 횡포가 심했기 때문에 대리상과의 영어 의사소통 문제는 매우 까다롭고 어려웠다. 오리온은 주문 금액이 크고 유통이 편리한 대리점과의 영업을 과감히 포기했다.

이후 오리온은 동네 작은 가게들을 일일이 찾아가 영업하는 방식을 택했다. 여러 곳을 찾아다녀야 하는 번거로움은 차치하더라도 대리상들의 영업 방해는 상상을 초월하는 수준이었다. 시장 진입에 계속 어려움을 겪던 오리온은 시장을 확실히 장악하기 위한 투자에 들어갔다. 영업사원을 대거 투입해 상점 주인들의 마음을 얻기 위해 제품 정리를 도와주고 청소까지 했다고 한다. 대리상들의 갑질에도 불구하고 오리온 영업사원들의 적극적인 행동에 가게 점주들은 마음을 열게 되었다.

오리온의 이런 자세는 사업하는 사람이라면 반드시 배워야 할 것이다. 기업의 목표는 적은 비용으로 최대 이익을 얻는 것이다. 그렇다고 초기 투자비용을 전혀 투하하지 않을 수는 없을 것이다. 여기서 우리는 오리온이 실행했던 과감한 인력 투자와 마음을 얻기 위한 노력에 주목해야 한다. 베트남인들의 마음은 한 번 얻기는 어렵지만 일단 마음을 주고받으면 비즈니스를 쉽게 풀어갈 수 있다는 것을 알아두면 좋겠다.

베트남인들을 사로잡은 '옹 킴 김치'

베트남에서 직접 김치를 담가 성공한 사례가 있다. 김태곤 OKTA 호치민 지회 전 회장은 베트남 재료로 '옹 킴 김치'를 만들어 대박 성공 신화를 이루었다. 2016년 CJ에 매각할 당시 매출은 550만 달러(약 62억 5,000만 원)를 기록했다.

전자상거래업을 했던 김 회장은 베트남 직원들과의 식사 자리에서 직접 담근 김치를 내놓았다. 그리고 베트남인 직원들이 맛있게 먹는 모습을 보며 김치 사업의 가능성을 보았다. 베트남 배추로 만든 김치를 작은 플라스틱 반찬그릇 20개에 포장해 슈퍼마켓 매대에 진열했다. 한국인들이 거의 이용하지 않는 슈퍼마켓을 선택했고 그곳에서 김치 사업의 밝은 미래를 보았다.

김 회장이 베트남에서 성공한 이유는 무엇일까? 바로 한국적인 것을 포기하지 않으면서 한국 김치를 판매하는 회사가 없다는 점에 착안한 것이다. 특히 초반에 무리한 투자를 하지 않은 점도 성공 요인으로 볼 수 있다. 적은 투자로 시장 시스템을 확인하는 것이 무엇보다 중요하다. 단순히 자신이 생각한 아이템이 시장에서 잘 통할 것이라는 주관적인 판단만으로 투자하는 것은 매우 위험하다는 것을 기억하길 바란다.

베트남 이민에 실패하는 이유는?

베트남에서 사업을 시작하기도 전에 좌절하고 다시 한국으로 돌아가는 경우도 비일비재하다. 가장 큰 이유는 베트남에 대한 이해 부족인데 기후적 환경과 현지생활에 눈높이를 맞추기 어렵다는 이유들이 있다. 베트남 현지에서 생활하려면 기본적인 베트남어가 되어야 하는데 이 부분에 답답함을 느끼는 경우도 적지 않다. 한두 번 여행 와 느꼈던 기분 좋은 감상은 곧 회의감으로 바뀌어 한국행 비행기에 다시 몸을 싣는 것이다.

사업 의욕만 앞세우기 전에 자신에게 맞는 생활지역부터 찾아봐 야 한다. 많은 사람들이 한인타운에 거주하는 것도 이런 이유가 가장 클 것이다. 한국에서의 삶을 조금 포기하면서도 베트남 생활을 즐길 수 있기 때문이다. 처음 떠난 이민에서 현지인들과 생활해야 하는 장 소에 자리를 잡으면 난감한 상황에 빠질 수도 있다는 것을 알아두어 야 한다.

높은 임대료, 이민 실패의 주요 원인

많은 이민자들이 창업을 하면서 좋은 자리를 선호하는 것은 당연 하다. 그렇다고 자리만 보고 선뜻 높은 임대료의 자리를 선택하는 것 은 좋지 않다. 많은 창업자들이 가장 힘들어하는 부분이 바로 임대료 이기 때문이다. 특히 대로변 점포는 월세가 500만 원을 상회하는 경 우도 많다. 수익의 대부분을 직원 월급과 임대료로 충당하고 나면 손 에 남는 것이 없을 수도 있다.

2019년 베트남 현지 매체에 따르면 호치민시 상가의 월 평균 임 대료는 전년 동기 대비 5.8% 증가한 135.5달러/m^2에 달했다. 호치민 시장은 베트남의 젊은 층 인구 증가로 국제 기업들과 소매업체들에게 매력적인 시장으로 여겨지는 것을 임대료 상승의 원인으로 분석할 수 있다.

아마존, CU 편의점, 스트라이프 인터내셔널(Stripe International) 등 글로벌 기업들이 베트남 소매시장에 진출할 예정인 것으로 알려졌지만 베트남의 상가 임대료가 상대적으로 높은데 소비 수준은 증가하지 않고 있다는 점에서 베트남은 소매시장의 '무덤'으로 불리는데 이것은 상가 점포에만 해당하는 말은 아니다. 호치민시는 A 등급 사무실 임대료가 50~52.2달러/m^2까지 상승한 것으로 나타났다. 하노이도 별로 다르지 않은 것으로 나타났다. 하노이시는 35~35.9달러/m^2까지 상승한 것으로 나타났는데 하노이 지역의 경제발전과 업무용 빌딩의 수요 증가에 힘입어 사무실 임대료가 상승한 것으로 분석하고 있다.

한국과 다른 문화에 대한 이해, 현지화 실패

베트남 시장이 성장하면서 개인소득 수준도 올라갔지만 아직 한국처럼 중산층이 많지 않다는 점을 알아야 한다. 물론 베트남에는 상상을 초월하는 규모의 자산을 가진 거부들도 많지만 극소수일 뿐이고 그들은 명품 쇼핑을 자국이 아닌 태국이나 홍콩에서 즐긴다. 부자들을 제외하면 베트남인들은 여전히 가격에 민감하다.

카페를 창업한 한 이민자는 한국 트렌드에 맞추어 메뉴를 정했다. 우리에게 익숙한 브런치를 포함한 디톡스 음료와 같은 웰빙 푸드와 음료를 판매한 것이다. 베트남에서는 생소한 메뉴였고 가격이 비싸 베트남인들의 접근이 쉽지 않았다. 베트남인들은 유행 추구보다 가성비를 고려하는 경향이 강하다.

한국과 다른 홍보 방법 중 하나는 인플루언서 마케팅이다. 우리나라는 다양한 업종에서 인플루언서를 통한 홍보에 주력하지만 베트남에서는 아직 인플루언서 개념이 자리잡기 전이다. 사회주의 국가인 베트남은 '자랑하는' 문화가 아니라는 점에서 한국과 다르다.

호치민과 하노이만 하더라도 호치민 시민들은 유행에 민감하고 실용적인 것을 좋아하는 반면, 하노이 시민들은 보수적이며 프리미엄 제품을 선호한다. 베트남을 하나의 국가로 생각하기보다 진출하려는 시, 성의 규제와 문화 등을 이해하고 면밀한 현지 정착 전략을 수립해야 한다.

'띵깜'을 쌓지 않으면 사업하기 힘든 베트남 사회

베트남에서 사업하려면 당국, 현지 업계와 '띵깜'(베트남어 tìnhcảm; 情感)을 매우 중시한다는 사실을 확인할 수 있다. 띵깜은 '정감'이라는 뜻으로 서로 안면을 텄다는 수준 이상의 뜻을 내포하고 있다. 개인적 친분을 쌓아 의형제를 맺을 정도로 친해져야 비로소 사업 이야기도 나눌 수 있게 된다는 말이다. 의리를 중시하는 '띵깜'은 중국의 '꽌시'(关系)와 비슷하다고 보면 된다. 꽌시나 띵깜을 쌓은 후에는 어떤 이야기를 해도 일사천리로 통하는 장점이 있지만 문제는 이것을 쌓기가 쉽지 않다는 것이다. 베트남에서 사업하는 사람들은 띵깜 문화를 이해하지 못해 매우 힘들어한다. 영업망을 확장하려면 더 장기적인 전략으로 현지 사정에 밝고 여기저기 띵깜을 쌓은 전문가를 양성하는 것이 중요하다. 1~2년 만에 띵깜을 쌓기는 어렵다. 오랫동안 익숙해지고 시간을 두고 거리를 좁혀가야 한다. 일반적으로 사업 초기 3년 이상은 현지 관계자와 사귀는 데 집중하고 수익은커녕 비용만 발생하더라도 회사는 이것을 투자로 보고 기다리다 보면 좋은 결과가 올 수 있다.

떵깜을 쌓으려면 친해지고 싶은 상대방의 생일, 결혼기념일 등 개인적인 모든 경조사를 챙겨야 한다. 그렇다고 떵깜이 베트남 사업의 전부라고 볼 수는 없다. 떵깜을 쌓더라도 담당자가 바뀌거나 실속이 없다고 판단되면 무용지물이 될 수도 있다. 관계를 쌓고 사업의 편리성을 높이는 것도 중요하지만 정작 본인이 생각하는 아이템이 현지화에 적합하지 않다면 소용없다는 것도 알아야 한다.

베트남 법, 혼자 해결하기 힘들다

베트남은 법이 애매모호하고 법과 실제 업무처리가 다른 경우가 많아 사업하기가 쉽지 않다. 불법파업 노동자의 처벌 규정이나 정당하게 합의된 토지보상을 거부하고 이주하지 않은 주민에 대한 강제이주 규정과 절차가 있음에도 불구하고 법 적용을 하지 않아 사업 수행에 차질이 생기기도 한다. 법은 개정되었는데 개정법 시행령과 시행세칙이 발효되지 않아 사실상 개정 법을 적용하기 어려운 경우도 있다. 베트남의 기업법과 투자법 조항 해석이 불분명한 경우도 있고 환경법이나 토지법 등의 내용과 달라 동일한 법을 적용해 처리하는 것도 담당 공무원이나 관련기관의 유권해석에 따라 달라질 수도 있다. 동일한 기업법과 투자법을 적용해 설립하는 회사도 지역에 따라 요구하는 서류나 절차가 바뀌기도 한다.

최근 수 년 동안 외국인 투자자들과 법률가들은 한 목소리로 이런 문제점을 지적했고 베트남 정부도 애매모호한 법 정비의 필요성을 인식하고 있지만 아직 눈에 띌 만한 변화는 안 보인다. 베트남에서는 법 전산화가 아직 미비해 법령간 내용 상충까지 모두 확인하고 개정될 때까지는 아직 갈 길이 멀어 보인다.

법률을 혼자 이해하기는 힘들다. 전문가의 도움을 받는 것이 가장 좋은데 무자격 한국인이 베트남 변호사를 사칭하는 경우도 있으니 조심해야 한다. 베트남 변호사, 판사, 검사의 자격 요건은 베트남 국적이므로 외국인은 베트남에서 변호사 자격을 취득할 수 없다. 외국인이 베트남에서 베트남 변호사, 판사, 검사가 되려면 베트남 국적부터 취득해야 한다. 그렇다고 베트남에서 변호사로 활동할 수 있는 외국인이 전혀 없는 것도 아니다. 베트남은 이미 법률시장이 개방되어 외국인이 외국에서 변호사 자격을 취득해 베트남 법무부에 외국 변호사로 등록하면 변호사 업무를 할 수 있고 외국계 로펌이 베트남 변호사를 고용할 수도 있다.

직원관리 실패

한국인들이 베트남에서 창업하면서 가장 많이 우려하고 '귀에 못이 박히도록' 듣는 말은 베트남 직원을 다루기 힘들다는 것이다. 베트남 직원과 일하면서 가장 힘든 부분은 소속감 부재와 태만 등일 것이다. 베트남 직원들을 관리하다가 나중에는 포기하고 모든 업무를 직접 혼자 처리하려는 사업주들도 있다. 달리 생각하면 베트남인들을 믿지 못하는 창업자의 문제도 있다고 볼 수 있다. 베트남 직원과 동반 성장하고 키워야 할 인재로 여기고 교육해 나간다면 성공은 어렵지 않을 것이다. 현실에서 그렇게 하지 못하고 베트남 직원이 빨리 변하고 자신의 뜻을 알아주기만 바라는 데서 문제가 발생한다.

베트남 직원관리에 성공한 사람들의 경험담을 들어보면 비교적 단순하다. 한국에서 사람들과 좋은 관계를 유지할 때 이용하는 방법과 비슷하다. 경조사를 챙겨주고 많이 칭찬해주고 간단한 대화라도 친밀감을 유지하기 위해 노력하고 고민을 함께 의논하는 등 인간관계에서 가장 기본적인 노력들이지만 동남아인이라는 이유로 괄시하고 무시하는 경우가 꽤 많다. 한 명의 인격체로 서로 존중하고 이해하고 받아들인다면 베트남 직원들과도 매끄러운 관계를 유지할 수 있을 것이다.

외국생활을 오랫동안 한 편이어서 6년 전 베트남에 뿌리를 내리고 정착하는 데 두려움은 없었다. 베트남 정착을 시작하면서 내 고향 광주의 1990년대 모습과 닮아 매우 애착이 갔다. 처음 베트남에 와보니 '빚 없는' 문화가 신기했다. 그래서인지 베트남인들이 월급이 10달러만 차이가 나도 직장을 옮기는 것이 당혹스러웠다. 한국인이라면 오너의 마인드나 복지 등을 고려해 직장을 선택할 텐데 그런 것이 없어 조금 놀랐다.

처음 베트남에서 빌딩 건설을 하면서 베트남 인부들의 낮잠 문화에 매우 당황했던 기억이 난다. '어떻게 그렇게 게으르고 일을 안 할 수가 있을까?' 윽박지르고 화도 냈다. 베트남에는 '오침 문화' 즉, 낮잠 문화가 있다는 것을 그때는 몰랐던 것이다. 더운 나라여서 오침 문화는 당연한 것이었다.

베트남에 정착하는 데 가장 신경쓴 것은 직원관리였다. 그들의 생각과 문화를 이해하고 받아들이는 것이 가장 중요했다. 성급하지 않고 조금씩 거리를 좁혀나가다 보니 사업 초창기 다른 곳의 이직률은 높았지만 우리 회사는 거의 없었다. 함께 일하던 직원들을 시집, 장가 보내며 뿌듯했던 기억도 떠오른다.

베트남에서 사업하면서 중요한 것은 실질적인 자기 사람을 만드는 것이라고 생각한다. 특히 한국어가 능통한 베트남 직원을 뽑기는 매우 어렵다. 잘 찾아내 키울 수만 있다면 회사에 큰 도움이 되는 것은 분명하다. 옥석을 가려내고 발굴해 키워나가는 것도 오너의 역할이라고 생각한다.

지금까지 느낀 베트남인들은 민족 자체에서 나오는 자긍심이나 자존심이 매우 강한 것 같다. 의리도 있어 동생, 가족처럼 진심으로 친근하게 대해주면 반드시 은혜를 갚는 사람들인 것 같다. 그들과의 유대관계를 잘 유지해나가는 것이 사업에서 가장 중요하다고 생각한다.

<h2 style="text-align:center">5) 베트남의 유망 직종</h2>

- 화장품사업(코스메틱)

35세 미만 베트남 여성 비율은 60%에 가깝다. 이 수치만으로도 잠재적 구매자를 예측할 수 있다. 2018년 베트남 화장품 시장 규모는 5억 6,500만 달러에 달하며 지난 5년 동안 두 자리 수 성장률을 기록했다. 베트남 화장품 시장 총 매출액의 75%는 피부관리 화장품, 25%는 색조 화장품이 차지한다. 색조 화장품 시장은 최근 수년 간 급성장 중이며 Shiseido, Unilever, L'Oreal, LG생활건강, Estee Lauder 등 외국기업들의 시장점유율이 매우 높은 편이다.

베트남 화장품 시장의 성장요인으로는 '미(美)'에 대한 관심 증가로 볼 수 있다. 특히 지하철이 건설되면서 마스크를 쓰고 오토바이로 출·퇴근하던 여성들이 지하철을 이용하게 되면서 화장품 사용이 늘 것으로 전망하지만 화장품 원료 부족과 가짜 화장품을 방해요인으로 보고 있다.

한국 화장품을 베트남에 수출하기 위해서는 엄격한 통관 절차를 거쳐야 한다. 화장품 수입업자는 베트남 의약관리청(DAV)의 승인을 받아야 하며 베트남에서 화장품을 판매하기 위해서는 제품정보 파일(PIF)과 베트남어 라벨(Label)이 있어야 한다. 수입업자는 한-베 FTA(VKFTA)를 통해 특혜 관세 혜택을 받을 수 있다. 전문가들은 향후 수 년간 베트남 화장품 시장의 성장세가 지속되고 뷰티 인플루언서, 화장품 프리미엄화, 남녀 공용 화장품, 피부관리 루틴(Routine) 등 미래 트렌드의 다양화를 예상하고 있다. 한국은 베트남에 대한 최대 화장품 수출국으로 최근 5년 동안 K-뷰티, 한국 관광, 한-베 FTA의 영향으로 한국 화장품 수출액이 크게 증가했다. 한국 화장품 브랜드 중 The Face Shop과 Innisfree 인지도가 가장 높으며 제품 중에서는 마스크 팩이 가장 인기가 높다.

– 웨딩사업

베트남의 법적 결혼 가능 연령은 남성이 만 20세, 여성은 만 18세이며 최근 평균 결혼 연령은 남성이 만 26.8세, 여성은 만 22.9세다. 유로 모니터는 2016년 베트남에서 진행된 결혼식을 약 44만 건으로 보고했다. 베트남의 인구 및 연령구조 변화를 고려한 2030년 베트남의 연평균 결혼 건수는 35만 건으로 전망했다. 베트남에서는 현대적 예식장에 대한 인식이 대중에게 익숙해지면서 베트남의 결혼식 트렌드도 서양식으로 변하고 있다. 결혼 적령기 인구는 베트남의 도이머이(Đổi mới) 정책 이후 개방된 사회에서 다양한 문물을 수용하고 급변하는 경제환경 속에서 성장한 1980~1990년대생이 대부분이다. 그들의 성장 배경에 맞물려 베트남의 결혼식 문화는 지난 15년 동안 급속한 변화를 보이고 있다.

식전	청첩장(250장)	625,000동(=31,437원)
	결혼사진(스튜디오가 더 저렴)	5,000,000동(=251,000원
	사진 인화(나무액자 3개, 100*150)	2,010,000동(=101,103원)
	결혼 반지	6,000,000동(=301,800원)
	침구, 침대, 화장대	12,000,000동(=603,600원)
약혼	장소 데코레이션+꽃	6,000,000동(=301,800원)
	아오자이, 시모+친모+신부 화장, 들러리	9,000,000동(=452,700원)
	예비신랑+시부+친부 의상 준비	7,000,000동(=352,100원)
	예물 보조	15,000,000동(=754,500원)
	이동 차량 렌트	2,000,000동(=100,600원)
예식	드레스, 신부 화장, 시모+친모 아오자이 및 화장	9,000,000동(=452,700원)
	비디오 촬영 및 사진	3,500,000동(=176,050원)
	예비신랑+시부+친부 의상 준비	5,000,000동(=251,500원)
	케이터링 서비스(70개 테이블)	175,000,000동(=8,802,507원)
	이동 차량 렌트	3,000,000동(=150,900원)
신혼여행	다낭-호이안(4박 5일) 7,500,000동(=377,250원)	

합계 267,635,000동(=13,452,051원)

최근 베트남 대도시 지역 예비부부의 결혼 준비 비용은 최소 1억 동(500만 원), 평균 2억 동(1,000만 원) 전후로 추정되고 있다. 이 비용은 예물, 사진촬영, 식장 준비 등이 모두 포함되었다. 현지 유명 웨딩 서비스업체는 상류층 자녀의 결혼 준비로 5,000만 원 이상이 들기도 한다고 밝혔다. 한국인들에게 비교적 접근 기회가 많은 예식장 장식,

결혼사진, 의류 및 화장 관련 서비스 업종의 전망이 밝아 보인다. 그렇기 위해서는 베트남의 결혼문화를 이해할 필요가 있다.

베트남 예식장에서 열리는 결혼식은 2차로 치러지는데 베트남의 전통대로 이른 아침 신부 집에 가까운 친척들이 모여 1차로 결혼식을 치르고 현대적 예식장에 지인을 초청해 결혼식 겸 피로연을 주최한다. 1차 결혼식 후 신랑 집으로 이동해 다시 결혼식을 치르기도 하지만 최근 대도시에서는 이 과정을 생략하는 추세다.

신부 집에서 1차 결혼식을 치르고 당일 저녁 6시 무렵 예식장에서 2차 결혼식과 피로연을 갖는다. 베트남의 예식장 결혼식은 지인을 초청해 열리는 만큼 한국의 결혼식 분위기보다 훨씬 가볍고 흥겹다. 주례 대신 사회자(MC)가 진행하는 베트남 결혼식의 춤 공연과 노래방 기계 등은 모두 예식장이 제공한다. 대부분의 MC 섭외는 예식장이 맡는다.

- 유아용품 사업

2016년 베트남 유아식품 시장은 30조 8,000억 동(약 13억 달러)의 매출을 기록해 전년 대비 6.6% 성장했다. 베트남은 연간 44만 쌍이 결혼하며 대부분 자녀 2명을 두고 있다. 2016년 베트남 인구는 전년 대비 1.07% 증가했으며 매년 100만 명 이상의 신생아가 태어나고 있고 2살 이하 자녀를 둔 가구가 30%에 육박한다.

베트남의 출산 및 유아용품 전문점의 주요 성장요인으로는 풍부한 영 · 유아 인구, 현지 소매유통 채널의 현대화 등을 들 수 있다. 베

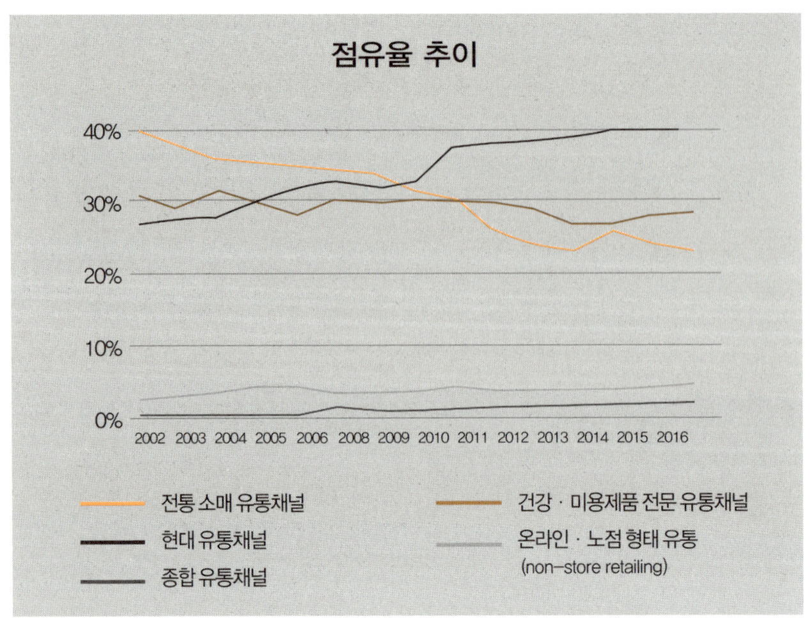

트남 시장조사 전문업체 FTA 리서치에 따르면 의류, 식품, 위생용품
을 포함한 베트남의 영 · 유아용품 시장은 25억 달러 규모다. 의료,
의류, 교육, 장난감 등의 품목까지 고려하면 영 · 유아 관련 산업 규
모는 50억 달러에 이를 것으로 추정된다. 베트남의 지속적인 경제
회복세, 제조 · 유통업체들의 유아식품 섭취 홍보 강화 등에 힘입어
베트남 유아식품 시장은 지속적인 성장세를 보이고 있다. 출산 · 유
아용품 전문점 시장은 현지 브랜드들의 탄탄한 입지와 치열한 경쟁
으로 외국기업이 진입하기에는 다소 까다롭다. 외국계 유아용품 유
통업체가 베트남 시장에서 큰 성공을 거두지 못하는 것은 가격과 품
질 사이에서 균형을 잡지 못했기 때문으로 분석된다. 프랜차이즈 업
체들의 시장확대 노력과 새로운 기업들의 시장진입 시도가 계속되고

　　　　　　　　　　　　　　　　　　

시장경쟁이 치열해지는 상황임을 알아야 한다. 단, 현재 육아용품 온라인시장은 성장 단계이며 베트남에서 출산·유아용품 전문점이 성장하는 동안 온라인 판매도 꾸준히 이루어지고 있다. 단, 출산·유아용품을 전문으로 취급하는 전자상거래는 아직 주목할 만한 성공 사례가 없는 실정이다. 유아용품은 주로 기저귀, 분유, 물티슈 등인데 이 상품들은 상대적으로 부피가 커 재고관리 및 배송비용이 높아 성공하지 못한 것으로 보고 있다.

– 수입 자동차 딜러

그동안 베트남은 수입차에 30% 관세를 부과해왔다. 2018년 아세안(ASEAN; 동남아국가연합) 역내 관세가 사실상 철폐되면서 베트남 수입차 관세가 사라졌다. 연간 6% 후반대의 경제성장률을 보이는 베트남은 중산층이 확대되면서 자동차 수요가 폭발적으로 증가하고 있다.

관세가 사라지면서 베트남 현지 수입자동차 전시장은 연초부터 고객들로 문전성시를 이루기 시작했다. 주문이 폭주하는데 수입차 공급이 부족해 고객들의 불만이 커지기도 했으며 포드, 도요타 등 일부 업체는 딜러들에게 판매 중단을 요청하거나 계약서를 다시 쓰는 상황까지 벌어졌다.

베트남인들은 현재 수입되는 현지 자동차로 눈길을 돌리는 상황이다. 자동차 시장에는 미쓰비시의 Mirage, 스즈키의 Swift도 있지만 이 제조업체들의 시장점유율은 아직 미미한 수준이고 Swift는 가격도 비싼 것으로 평가된다. 아직 자동차 딜러들과 유통망이 충분하지 않아 이 모델들의 판매는 한국산 자동차보다 적은 상황이다.

현대자동차 상용사업본부는 베트남 현지 파견 자동차 딜러 교육
을 꾸준히 진행 중이며 현지 파견에 나서고 있다. 베트남인들의 자동
차 수요가 높아지는 만큼 수입차 딜러 자리도 많이 필요해 보인다.

- 공인중개사

베트남 부동산중개인협회에 따르면 현재 전국 부동산중개업 종사
자는 약 30만 명이며 그 중 10%인 3만 명만 중개업증명서(공인중개
사)를 가지고 있고 나머지는 자유중개인인 것으로 나타났다. 지난 3년
동안 부동산중개 회사는 연 15%의 성장률을 보였다.

베트남에서는 부동산 성장과 동시에 그 열풍에 따른 돈벌이에 많
은 사람들이 중개업에 뛰어들면서 무자격자 문제가 발생했다. 기획
부동산과 같은 부동산 브로커가 모든 지역에서 부동산 가격 거품과
열병의 원인이 되었다. 시장을 교란시키고 가격상승 소문을 일으켜
실 수요자들이 집값과 토지가격을 감당할 수 없게 만든 셈이다. 실제
로 많은 사람들이 이런 브로커에게 사기를 당하고 밤낮으로 걸려오는
전화와 문자 메시지에 시달리고 있다.

베트남 공인중개사 무자격 논란이 일면서 자연스럽게 믿을 만한
공인중개사를 찾고 있다. 베트남 부동산중개인협회는 거래질서 확립
과 피해 예방을 위해 부동산시장을 투명하게 만드는 표준화 및 전문
중개인 제도 정착에 나서 향후 공인중개사 직종의 인기는 더 높아질
것으로 보인다.

– 광고대행사

광고시장은 국가 경제성장률과 비례해 성장하는 추세를 보인다. 베트남 모바일 시장이 빠르게 성장하면서 광고시장도 그에 발맞추어 급성장했다. 베트남 내에서는 글로벌 추세와 마찬가지로 모바일 미디어 스트리밍 플랫폼 시장이 빠르게 성장하면서 디지털광고 분야의 성장이 예상된다.

베트남 옥외 광고시장은 꾸준한 성장세를 보였는데 이제는 디지털 옥외 광고시장이 높은 성장세를 보일 것으로 예상된다. 현재 하노이와 호치민에서도 디지털광고는 쉽게 접할 수 있다. 특히 쇼핑몰이나 대형 빌딩의 디지털광고가 늘었다. 도시화가 진행되는 만큼 대형 쇼핑몰들이 생기면서 건물 내부와 외부에 스크린 광고가 더 늘 것으로 보인다.

베트남 내에서도 단순한 옥외광고 수준이 아닌 광고산업으로 콘텐츠 제작 및 유통, 마케팅 등을 통한 종합 엔터테인먼트 사업이 유망해 보인다. 광고 제작 및 유통은 안정적인 수익을 창출할 비즈니스 모델로 생각된다.

나는 3년 전 베트남 대학에 입학했다. 군 제대 후 한국에서 대학에 복학했다. 그런데 주변에서 취업한 친구들의 이야기를 들어보면 전혀 행복해 보이지 않았다. 피곤한 삶에 지친 채 하루하루 살아가는 것처럼 보였다.

그러던 어느 날 수업시간에 베트남의 미래가 유망하다는 교수님의 말씀을 듣게 되었다. 때마침 교양과목으로 베트남어를 공부하던 중이어서 가방 하나 달랑 매고 베트남 여행을 떠났다.

방학 동안 베트남에 대해 잘 이해하고 알게 되면 좋겠다는 생각이었다. 그렇게 14일 동안 이곳저곳을 둘러보며 여행한 후 한국으로 돌아가 대학을 휴학하고 베트남 대학에 입학했다. 주변에서는 무모한 짓이라며 말렸지만 내 눈에는 베트남이 무궁무진한 발전 기회가 숨은 노다지로 보였다.

베트남 대학에 입학해 베트남 친구들과 교류한 지 약 1년이 지나자 언어는 어느 정도 소통하는 수준이 되었다. 많은 분들이 베트남어를 배우려고 과외를 받거나 학원을 다니지만 나는 대학에서 제대로 배우고 싶은 마음이 강했다.

　　베트남에 반드시 정착하겠다고 생각하던 중에 우연히 김효성 대표님의 유튜브 영상을 보게 되었다. 베트남 부동산에 대한 비전을 들은 후 부동산 관련 일을 하면 성공할 수 있을 거라는 생각에 무작정 대표님을 찾아가 부동산 일을 할 수 없겠냐고 물었다.

　　다행히 어느 정도 베트남어를 구사할 수 있었고 때마침 직원이 많이 필요해 어렵지 않게 취업했다. 하지만 부동산은 법률적 용도와 법체계가 있어 처음에는 녹록치 않았다. 그래도 꾸준히 하면 좋은 성과를 낼 수 있다는 믿음으로 학교를 오가며 일에 정진했다.

　　지금도 대학을 다니면서 부동산중개 일을 하고 있다. 내게 베트남은 한없는 발전을 품은 곳이며 성장하는 만큼 부동산시장도 더 활황을 보일 것으로 예상한다. 누군가 내 삶과 선택을 묻는다면 완벽한 선택이었다고 답하고 싶다. 한국에서 취업해 바쁜 나날을 보내는 친구들보다 스트레스도 덜하고 경제적 보상도 충분히 받고 있으니까.

베트남 부동산이 유망하다던데 어떻게 투자해야 하나?

부동산은 단순히 가격만으로 비교할 수 없는, 살아있는 생물과도 같은 만큼 베트남 부동산 시세가 가치와 미래 투자성에 대비해 적정가격인지, 가격상승이 예상되는지 다각도로 분석해야 한다. 시장 전문가들의 의견을 다각도로 분석하고 판단해 자신의 생각과 접목해 판단하면 된다.

VIETNAM

Chapter 07

베트남 부동산이 유망하다던데
어떻게 투자해야 하나?

1) '묻지 마'식 투자는 금물

세계은행에 따르면 베트남 부동산시장에서 2018년 외국인 직접 투자(FDI)액은 66억 달러로 전년도 30억 달러의 2배 이상으로 조사되었다. 외국인 투자액이 증가한 것은 베트남 정부가 부동산시장에 대한 개방조치를 확대했기 때문이다. 베트남 부동산시장은 베트남 정부가 외국인의 주택소유와 임대규제 완화조치를 단행하면서 외국자본이 대거 유입되고 주택거래량도 3배 이상 증가한 것으로 나타났다.

최근 베트남 부동산시장에 대한 국내 투자자들의 직·간접 투자가 크게 늘고 있지만 부동산 관련 정보를 제대로 알지 못하고 '묻지

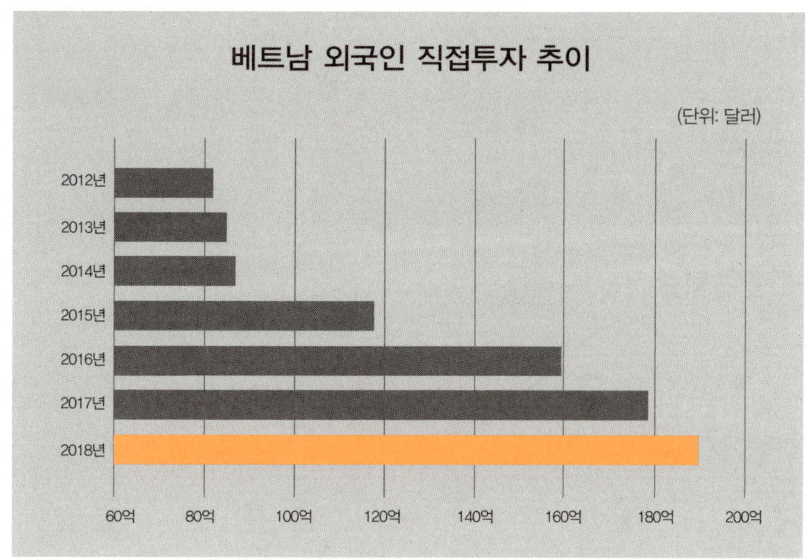

마'식 투자로 큰 손실을 본 사람들이 많다. 현지 법령과 시장 분위기를 정확히 파악하고 진입하지 않아 발생한 문제들이다.

베트남 부동산시장은 도시를 중심으로 수요가 급증하고 있고 주택가격 상승폭도 커 매력적이지만 관련 법령이 분명하지 않고 보유 및 양도 과정에서 발생하는 세금문제도 만만치 않다. 고가주택과 서민용 주택 수요가 뚜렷이 나뉘므로 국내 부동산시장 생각만 하고 투자하는 것은 금물이다.

하노이의 경우, 중산층이 급증하고 있지만 중심가 아파트는 m^2당 20만 원 수준으로 태국 방콕의 절반 수준에 그쳐 아직 가격상승 여력이 높은 것으로 보인다. 베트남 중산층 인구는 2012년 1,200만 명에

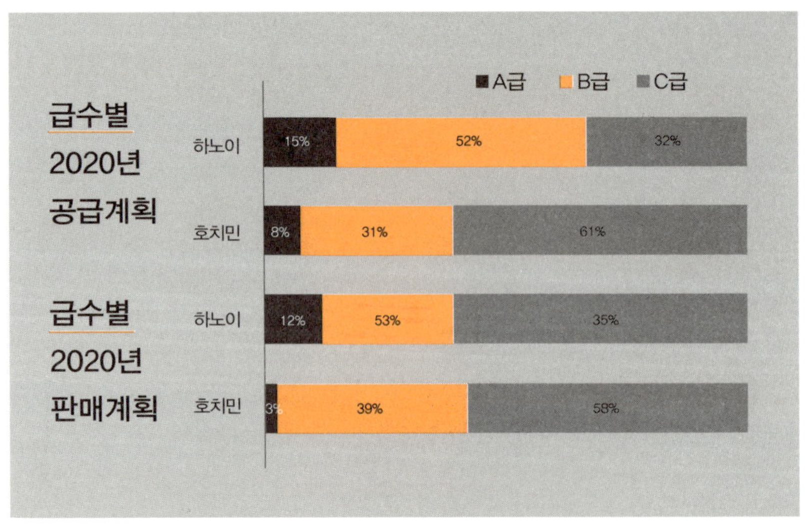

서 2020년 3,300만 명까지 늘 것으로 예상된다.

부동산 기업들은 사업 규모를 전년 대비 20% 이상 늘렸다. 빈 그룹, 노바랜드, 남롱, 파닷 등 10대 그룹은 전년 대비 45% 이상 증가한 평균 22억 달러(2조 5,190억 원) 이상의 매출액이 예상된다. 그렇다고 부동산시장의 장밋빛 미래만 기대하고 들어가면 안 된다. 그동안 베트남 부동산시장은 과도한 공급이 이루어졌고 투기로 인한 부동산가격 거품 논란도 있었다. 일부 지역의 고가주택들은 미분양 건수도 늘고 부실시공 분쟁도 늘고 있다는 점에 유의해야겠다.

호치민시는 약 2,056k㎡의 넓은 도시면적을 가지고 있으며 해발 10m 내외의 낮은 평야지대에 위치하고 있다. 수도 하노이에서 1,738km 떨어져 있으며 하노이, 하이퐁과 함께 자치행정 즉, 특별구인 3개 도시 중 하나다. 남쪽과 북쪽은 운하이고 동쪽은 사이공 강으로 둘러싸여 있으며 인구는 약 540만 명으로 베트남 최대 도시이자 경제의 중심지다.

호치민의 숫자와 word로 부르는 '군'은 서울 종로구, 용산구, 강남구 식의 '구' 개념으로 이해하면 된다. 사이공 강을 가운데 두고 도시는 동서로 뻗어 있으며 각 군마다 다른 특징들이 있다. 일부 군은 고밥군, 빈탄군과 같이 숫자가 아닌 영어 명칭이 붙어 있다.

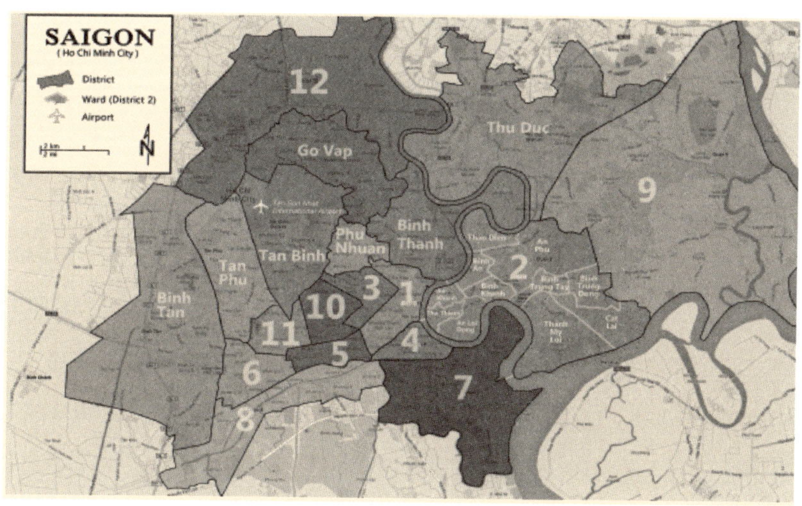

호치민시 인민위원회는 2021년까지 행정구역 재편 계획을 발표했다. 응웬탄퐁(Nguyễn Thành Phong) 호치민시 인민위원장은 호치민시의 행정구역을 합리화하고 사회경제적 발전에 기여하며 공무원 행정 서비스의 개선을 위한 것이라고 전했다.

현재 호치민시 내에는 24개 군 내에 322개 워드(ward/구)와 꼬뮌(commune)이 있으며 그 중 일부는 상임위원회 기준에 맞지 않아 재편될 예정이다. 재편될 구역은 2군 내 세 곳, 3군, 4군, 5군, 10군, 푸년군(Phú Nhuận)에 각각 두 곳, 6군과 8군에 한 곳 등 총 15개 구역이다.

1군

1군은 8km^2에 18만여 명이 거주하는 호치민시의 중심지이자 가장 많이 발전된 심장부로 대부분의 관공서, 영사관, 대형 빌딩들이 있다. 1군은 호치민시에서 가장 분주한 군이며 높은 생활수준을 보인다. 유동인구가 가장 많고 외국인 거리 및 고급 호텔도 즐비해 외국인도 많은데 대부분의 식당, 호텔 등에서 영어 사용이 가능한 지역이다. 1군은 타 지역보다 물가와 집세가 비싸다는 특징이 있다.

2군

2군은 50km^2에 14만여 명이 거주하며 지리적으로 1군과 가까운 것이 장점이다. 최근 대단지 아파트가 들어섰고 외국인들에게 각광받는 지역이다. 실제로 외국인들이 가장 많이 거주하며 기존 7군에 거주하던 한국인들도 2군으로 넘어가는 추세다. 현재 호치민시가 대규모 지원을 하고 한창 집중 개발하고 있다.

3군

3군은 5k㎡에 18만 8천여 명이 살고 있다. 시내 중심지로 작지만 인구밀도가 높다는 특징이 있다. 1군 바로 옆이어서 주택가격이 매우 높은 편이다. 전 세계 도시 정보잡지인 'Time Out'은 전문가와 2만 7천 명의 의견을 통해 가장 흥미로운 지역 'TOP 50'에 호치민시 3군을 18위에 선정하기도 했다.

4군

4군은 한국인이 가장 많이 사는 7군과 시내 중심부인 1군의 사이로 냐베 군이나 8군 등 1군으로 가려면 지나가야 하는 지역으로 유동인구가 많다. 18만여 명이 거주하며 면적은 4k㎡다. 인프라는 부족하지만 1, 7군과 붙어 있어 불편함은 별로 없다. 4군의 가장 큰 매력은 풍부한 먹거리와 저렴한 물가다.

5군

5군은 17만여 명이 거주하며 면적은 4.27k㎡다. 르홍퐁 고등학교, 호치민 과학대학과 같은 주요 대학과 유명 고등학교의 본거지로 호치민 과학대학, 사이공대학, 호치민 사범대학, 이 3개 대학이 교차하는 지역에서 매우 가깝다.

6군

6군은 7k㎡ 면적에 거주인구는 25만여 명이다. 6군에는 베트남의 최대 중국계 호아족의 상업중심지(차이나타운) 중 하나인 쫄롱이 있다. 6군은 북쪽으로는 11군, 딴빈군과 접하며 동쪽에는 5군, 남쪽에는

8군, 서쪽에는 빈딴군과 접하고 있다.

7군

7군은 27만여 명의 인구로 면적은 35km^2다. 한국인과 외국인들이 주로 거주하는 지역으로 한인타운 '푸미흥(PHU MY HUNG)'이 있다. 푸미흥 개발회사가 늪지를 개발해 조성한 신도시로 거리에는 사설 경비원이 배치되어 치안은 매우 안정적이고 대형 쇼핑몰, 공원 등이 있다. 한국, 일본, 대만, 캐나다 국제학교 등이 있어 교육 여건도 우수하다.

8군

8군은 과거 우범지역으로 관광객이 많이 찾지 않는 곳으로 분류된다. 최근 롯데그룹이 고급아파트, 오피스텔, 대형 슈퍼마켓이 딸린 주상복합단지 '센트럴 프리미엄(Central Premium)' 내에 대형 쇼핑몰을 개장했다. 호치민시 8위의 대형 쇼핑몰로 매장 총면적은 약 4만km^2에 이른다.

9군

9군의 인구는 26만여 명이며 면적은 114km^2다. 동부 개발전략의 일부인 9군은 끊임없이 개발되는 교통 인프라 덕분에 뛰어난 성장 잠재력을 인정받고 있다. 9군의 빈시티 왼쪽에는 삼성전자가 있는 하이테크공단이 있고 오른쪽에는 동라이 강 건너에 롱탄 신국제공항 예정지가 있다.

10군/11군

10군은 인구 23만여 명이며 면적은 6k㎡다. 개인주택이 많고 현지인들은 좁은 골목길에 붙어 산다. 부유층, 서민, 빈곤층이 모여 살며 스포츠시설이 많아 스포츠활동 중심지로 분류된다.

12군/떤빈군/떤푸군/푸뉴언군

4개 군이 공항 주위를 둘러싸고 있으며 떤선녓 국제공항이 있는 곳이 떤빈군이다. 공항 바로 옆 슈퍼볼은 한인 1세대가 집단촌을 처음 형성해 살던 곳이다. 많은 한인들이 7군이나 2군으로 빠져나가 현재는 한인타운이 많이 축소된 상태다. 마사지숍과 한식 맛집들이 아직 몇 군데 남아 옛 명맥을 잇고 있다. 12군에는 빈증이나 투덕의 산업단지로 출·퇴근하거나 공항 옆 포워딩 업체에서 근무하는 직장인들이 많이 살고 있다.

푸뉴언군은 최근 하천이 정비되면서 주거지역으로 각광받으며 잘 정비된 개인주택단지로 이루어져 있다.

빈떤군/고밥군/빈탄군/투득군

높은 인구밀도를 자랑하는 지역으로 한 개 군에 약 50만 명이 거주하고 있다. 이 4개 군은 외곽지역에 공장들이 많은 것이 특징이다. 투득군은 시내에서 이전해온 대학들이 많고 빈탄군은 사이공 강이 둘러 돌아가며 섬처럼 다리로 연결되어 있고 발전 가능성이 높은 지역으로 평가받고 있다. 이곳들은 유명 유원지, 멋진 노천카페가 많아 웨딩 촬영과 주말 나들이 장소로 인기가 높다.

남서쪽 외곽을 둘러싼 5개 현이며 시로 편입될 지역으로 논밭과 습지가 많다. 꾸찌현에는 유명 관광지인 꾸찌 터널이 있는데 이곳은 베트남전 당시 베트콩들이 암약하며 남 베트남군을 괴롭히고 숨어 지내던 지하 터널이다. 냐베현은 아파트단지 개발 예정지로 땅값이 많이 오른 상태다.

– 베트남 부동산 투자, 해야 하나 말아야 하나?

외국인 부동산투자 규제가 풀린 지 5년이 다 되어간다. 주변에서 베트남 아파트 투자로 돈을 벌었다는 사람들이 늘어 관심도 커지고 있다. 이렇게 너도나도 관심이 집중되어 투자하려는 시기에는 해외 부동산 투자 초보자들은 신경쓰고 주의해야 한다.

현재 베트남에서 외국인이 합법적으로 투자할 수 있는 부동산은 아파트로 한정되어 있다. 아파트는 투자 유망 여부를 판단해 공부하기가 비교적 쉽지만 한국처럼 인터넷을 통한 정확한 시세 파악이 어렵다. 베트남에서 부동산 가격을 알려면 희망지역의 해당 아파트와 비슷한 상품의 매도가격을 알아보면 된다.

부동산은 단순히 가격만으로 비교할 수 없는, 살아있는 생물과도 같은 분야인 만큼 베트남 부동산 시세가 가치와 미래 투자성에 대비해 적정가격인지, 가격상승이 예상되는지 다각도로 분석해야 한다. 시장 전문가들의 의견을 다각도로 분석하고 판단해 자신의 생각과 접목시켜 판단해야 한다.

3) 베트남 부동산 투자 상반된 의견

베트남 부동산 가격 상승론자

- '내 집'을 갖고 싶어하는 욕구는 상승을 부추긴다

이제 서울에서 아파트 한 채 구입하기는 매우 힘들어졌다. 그런 심리는 해외로도 퍼지고 베트남에서 아파트를 구입하려는 욕구로 이어질 것으로 전망된다. 베트남 거주 주재원들 사이에서도 이런 분위기는 확산되고 있다. 베트남의 아파트는 전세가 없고 월세로 거주하는 시스템이다. 한국과 마찬가지로 주재원들은 거주하는 아파트가 본인 소유인지, 월세인지 많은 질문을 받는다. 비교적 저렴한 가격에 아파트를 구입하고 시세차익까지 노릴 수 있다는 생각으로 아파트에 투자하는 경우가 늘고 있다.

- 장기적으로 무조건 오른다

하노이와 호치민의 집값은 장기적으로 상승할 것이라는 시각이 지배적이다. 호치민에는 국제병원, 국제학교, 여행자용 호텔, 회사 등 생활의 윤택함을 더해주는 필수 요소들이 많다. 또한 많은 한국인들이 서울 특히 강남에서 살고 싶어하듯이 베트남인들도 호치민에서 살고 싶어하는 욕구가 있다. 인프라가 비교적 잘 갖추어진 도심에서 살고 싶어하지만 호치민 땅은 한정적이고 주택을 건설할 부지도 한정되어 있다. 수요공급 법칙을 생각하면 한정적인 지역에 아파트를 지을 수밖에 없으니 호치민 집값은 무조건 오른다고 생각하는 것이다.

2018년 베트남 부동산 시장 주요 외국인 투자자

번호	내용	투자자
1	하노이 호떠이(Ho Tay) 지역 0.9ha 개발단지 인수 (약 3천만 달러 규모)	Capita Land (싱가포르)
2	호치민시 2군 빈쯩동(Binh Trung Dong) 개발단지 매입 (6ha, 약 6천만 달러 규모)	Capita Land (싱가포르)
3	Phu An Khang Real Estate JSC(PAK) 및 Phu An Dien Real Estate JSC(PAD) 지분 75% 인수	Frasers Property (싱가포르)
4	VSIP 1공단 내 창고 임대 개발(약 3,150만 달러 규모)	Maple Tree Logistics Trust Management Ltd(싱가포르)
5	호치민시 10군 내 오피스빌딩, 5성급 호텔, 레지던스, 쇼핑몰 개발 계획(6.64ha 규모)	Berjaya Land Bhd (말레이시아)
6	BW Industrial Development 합작회사 설립	Warburg Pincus(미국) Becamex IDC(베트남)
7	호치민시 1군 선화(Sunwah) 빌딩 24% 지분 매입	노무라 부동산개발회사(일본)
8	하이퐁시 3만㎡ 규모 창고 개발(약 620만 달러)	CRE Asia(일본)

자료원: JLL Vietnam, KOTRA, 호치민 무역관 정리

호치민시는 2018년 11월 19일 통과시킨 '호치민시 주택개발계획'에 따라 2020년까지 시내 중심(1군, 3군) 고층아파트 건설 허가승인을 내주지 않는 대신 노후 아파트 보수와 재건축사업을 우선순위로 두고 있다. 또한 현재 건설 중인 지하철 1호선과 같은 교통 인프라 프로젝트로 도심의 교통혼잡을 완화하고 지역주민들이 외곽으로 이주하도록 장려할 계획인데 이것은 서울 인구를 경기도권으로 분산시키려는 정책과 비슷하다. 도심으로 들어오고 싶어하는 인구는 분명히 증가할 것이고 이것은 서울과 같은 땅값 상승요인으로 발전할 것으로 예상된다.

– 지속적인 외국인 부동산 투자 증가

베트남 부동산시장은 제조업에 이어 외국인 투자유치 2위를 차지하고 있다. 매년 그 규모가 늘고 있으며 2018년 베트남 부동산시장은 약 66억 달러 규모의 외자를 유치했는데 이것은 전년 대비 116.6% 증가한 수치다.

2018년 베트남 M&A시장에서는 다양한 부동산거래가 이루어졌다. 일본 노무라(Nomura) 부동산개발회사의 선화(Sunwah) 빌딩 지분 24% 취득, Capita Land, Maple Tree, Frasers Property 등 싱가포르 부동산 회사의 현지 부동산 회사 지분 인수 및 부동산개발 투자가 활발히 진행되었다.

주요 부동산 투자국인 일본, 싱가포르, 한국 외에도 중국이 향후 베트남 부동산 M&A시장에 적극 합류할 것으로 예상되며 베트남 부동산시장은 계속 오를 것으로 보인다.

베트남 부동산 가격 하락론자

– 투자 '쏠림 현상'으로 인한 부정적 영향

호치민시 부동산협회(HoREA) 등 일부에서는 수요와 공급의 불균형(중급 이하 실 거주용 주택공급 부족), 투자 목적의 구매수요 증가, 도심지역 신규 아파트 개발제한 및 인·허가 지연 등이 베트남 부동산시장에 부정적인 영향을 미칠 수 있다고 우려하고 있다.

지나치게 높은 도심 오피스 임대료와 사무실 공급제한으로 공유 오피스 · 코워킹 스페이스의 인기가 당분간 지속될 것으로 보여 현재 임대 중인 사업자들의 이탈을 부추길 것으로 예상된다.

– 베트남 통화가치 하락 예상

베트남 통화인 동화의 가치가 1.4% 하락해 수년 만에 최저치로 떨어졌다. 2008년 금융위기 이후 동화의 가치는 지속적으로 하락한 상태로 미국 달러화 대비 2만 3,165동으로 고시했다. 올해 초 2만 2,825동에서 1.4% 통화가치가 하락한 셈이다.

2006년 베트남 주식시장이 폭등하기 시작하면서 수많은 투자자들이 너도나도 베트남 펀드에 가입했다. 베트남 주식이 끝없이 오를 것으로 예상했지만 2008년 금융위기로 주가가 하락하면서 동화 가치가 폭락한 것이다. 그렇다고 부정적으로만 볼 수는 없다. 베트남의 외환보유액은 약 680억 달러로 사상 최대치를 기록했고 3년 전에 비해 지속적인 외자 유입으로 2배 수준의 외환보유액을 유지하고 있다.

– 부동산대출 억제정책

부동산시장은 거시경제적 요인, 신용정책, 세계 경제성장의 영향을 지속적으로 받는다. 부동산대출 억제 등의 신용정책은 부동산시장에 큰 영향을 미친다. 한국도 부동산시장이 과열되지 않도록 부동산대출을 규제하고 있다. 베트남 부동산대출은 2016년부터 감소 추세인데 특히 2017년 4분기 큰 폭으로 줄었다. 베트남 중앙은행은 부동산시장으로의 자금흐름을 억제할 대책 마련을 위해 시중은행들의 중 · 장기 대출한도 축소에 나섰다. 베트남 은행들의 부동산대출 한도 축소는 리조트, 산업단지, 오피스 등의 부동산 상품 투자에 변화를 가져올 것으로 보인다. 이처럼 부동산 대출 축소가 이어지면 당연히 부동산시장은 얼어붙어 과열 양상이 잦아들면 부동산 가격이 떨어질 수도 있다는 예상이 나오고 있다. 실제로 베트남 부동산협회(VNREA)에 따르면 2019년 1분기 하노이시의 부동산 공급량은 전년 같은 기간 대비 25% 줄었고 호치민시는 무려 50% 이상 줄었다.

하노이와 호치민시의 부동산 공급이 이처럼 대폭 감소한 가장 큰 이유는 대규모 프로젝트 물량이 지난해 4분기에 모두 끝났고 호치민시의 신규사업 승인 건수 감소와 신용대출 억제 때문으로 분석된다.

4) 부동산 매매 방법

외국인의 주택 구매 방법

베트남 출입국관리사무소의 입국 도장이 찍힌 유효 여권을 소지한 외국인이 개인적으로 유효한 여행비자, 유학비자 등으로 적법하게 입국했다면 누구든지 베트남 부동산 구입이 가능하다. 또한 베트남에서 적법한 투자등록증이나 해당 인 · 허가를 취득한 외국투자법인, 외국 법인의 지사 및 대표사무소, 외국 은행의 지사 등이 있다.

반면, 외교적 특권이나 면책특권 등 특별 대우 대상인 개인으로 분류되는 외교관은 부동산 구입이 어렵다. 법령에 따른 우선권이나 면책특권이 적용되는 재외공관(在外公館)과 외국 기구의 대표사무소도 제외 대상이다.

외국인은 주택건설사업에 의해 건설된 주택 매매만 허용된다. 일반 주거단지의 아파트, 시골의 단독주택을 구입할 수 있으며 상업주택 건설지역에 없는 주택이나 군사시설지역 등 특수지역의 주택은 구입이 불가능하다.

부동산 계약 시 소유권증서(핑크 북) 발행 전까지 소유권 증명은 분양계약서로 한다. 분양계약서는 선 분양, 후 시공인 경우에 해당하고 핑크 북 발행 전까지로 보고 있다. 핑크 북 발행 후에는 핑크 북을 통해 소유권을 증명하게 된다.

베트남에서 모든 토지는 원칙적으로 국가 소유이며 외국인의 소유 기간은 최대 50년으로 소유 기간 만료 전에 연장, 매각, 증여 등이 가능하다. 연장, 매각, 증여 등이 없는 경우, 베트남 정부가 부동산을 소유하게 되며 외국 투자법인의 존속 기간까지 제한하고 있다.

국가 소유인 베트남 토지는 국가로부터 장기 임대하는 형식이지만 사용권 연장이 가능해 개인 소유권으로 인정하고 있다. 적법하게 취득한 대지와 그 대지 위의 건축물과 부착물은 영구적으로 개인 소유물로 본다.

베트남 부동산 매매 시 구비 서류

베트남은 취득과 매도 시 반드시 부부 공동명의로 해야 한다. 향후 있을지도 모를 재산권 분쟁을 사전에 예방하기 위해서다. 베트남 현지인과 외국인도 부동산 취득 시 공동명의로 해야 한다. 어느 한쪽 명의로 할 경우, 해당 부동산의 자산 포기각서를 제출해야 하며 개인 단독 명의로 하면 서류가 복잡하다. 분양 중인 아파트를 구입할 때는 배우자의 사전 포기동의서를 첨부해 계약하면 나중에 팔 때 동의 없이도 가능하다.

구비 서류

- 부동산 매매 시 필요한 서류

  부부 공동 여권 베트남 공증본 – 4부

  부부 공동 베트남 비자 4부 – 사본

  부부 공동 혼인관계증명서 – 베트남어 번역 공증 및

  영사 확인 4부

  부부 공동 임시거주증 – 4부

  부동산계약서

  대금 납입증명서

선 분양 계약 시 공사가 중단된다면?

베트남에서는 아파트 선 분양이 관례이므로 선 분양 계약 후 시공이 중단될 경우, 혹시 위험하지 않은지 많은 사람이 궁금해한다. 베트남 정부는 선 분양 계약 시 수분양자 보호를 위해 분양보증제도를 시행하고 있다. 구체적으로 주택개발 시행사가 주택이나 아파트를 신규 분양할 경우, 의무적으로 해당 은행의 시행 보증보험에 가입하도록 되어 있다.

주택개발 시행사가 부도가 나거나 시공이 중단되면 해당 은행은 이미 납입한 분양대금을 수분양자들에게 환불해주거나 타 시공사가 나머지 시공을 완성할 수 있도록 자금지원을 해주는 제도가 있다.

레드 북과 핑크 북

토지사용권 증서와 건물, 아파트, 주택 등의 소유권 증서는 겉 표지 색상을 보고 레드 북과 핑크 북으로 구분된다. 1989년까지만 하더라도 토지사용권에 대한 권리증으로 레드 북을 사용했지만 중간에 법이 여러 번 바뀌면서 2005년부터는 토지소유권과 주택소유권 인증서로서 핑크 북으로 바뀌었다. 2009년부터는 현재의 핑크 북으로 통합해 토지소유권과 주택소유권 및 토지 부착 자산에 대한 소유권 증서로 인정받고 있다.

일반적으로 핑크 북은 입주 1년 후에 신청하도록 되어 있다. 외국인 관련 세부 규정이 있으며 발급까지 시간이 오래 걸린다. 핑크 북이 없다고 매매 거래가 전혀 불가능한 것은 아니다. 아파트 계약서로 매입 증명이 가능하므로 핑크 북이 없더라도 매매 거래를 할 수 있다.

핑크 북은 2015년 7월 법 개정 전에 분양을 받은 사람들에게 발행된 사례가 있지만 개정된 이후로 외국인에게는 발행되지 않은 상태였다. 현재 하노이에서는 두 곳이 발행된 것으로 알려져 있다. 핑크 북 발행이 잘 안되는 데 대해서는 다양한 의견이 있다. 부동산 전문가, 변호사, 일반인의 시각이 서로 달라서라거나 국방부와 공안부의 협력이 잘 안 되어서라는 말부터 세부 법령이 나오지 않았다거나 외국인이 살 수 있는 지역이 정해지지 않았다는 말까지 다양한 설들이 난무하고 있다.

무엇보다 그 이유를 대출문제로 보고 있다. 핑크 북이 발행되면 외국인이 대출을 받을 수 있는데 외국자본이 유입되는 것이 아니라 베트남 자본을 활용한 부동산 매입이 가능해 정부가 꺼리는 것으로 판단된다.

핑크 북이 발행되지 않은 시점에서는 100% 자기자본으로 부동산을 구입해야 한다. 대출이 되더라도 이자는 7~18%까지 측정되므로 큰 부담이 주어진다.

외국인 주택 구매 제한사항

건설국 웹사이트에는 외국인이 구매할 수 있는 주택 수와 외국인이 소유할 수 없는 주택건설사업 명단 등이 공고되어 있다. 실무적으로는 외국인이 소유할 수 있는 주택건설사업 명단을 공고하고 있다.

외국인에게 구매가 허용된 주택 수를 초과한 경우, 해당 매매계약은 법적 효력이 없으며 소유권 증서 발행이 안 된다. 매도인은 매수인에게 관련 손해를 배상할 책임이 있다.

외국인에게 구매가 허용되는 아파트 수는 아파트 한 동의 총 30% 이내로 구 단위와 같은 수준의 인구를 가진 지역에서 다수의 아파트 건물을 외국인이 구매하는 경우, 아파트당 30% 이내, 총 아파트 건물의 30% 이내에서만 구매 가능하다.

외국인 개인은 소유한 주택을 제3자에게 임대할 수 있다. 사전에 군/현 급 주택관리기관에 신고하고 임대수익 세금을 납부해야 한다. 외국 투자법인은 소유한 주택을 제3자에게 임대하는 것이 금지되고 직원 숙소 용도로만 사용 가능하며 외국인은 영리 목적의 재판매를 위해 집을 구매하는 것은 금지되어 있다.

외국인 주택 구매 허용 범위

외국인에게 구매가 허용되는 아파트 수는 아파트 한 동의 총 30% 이내로 구 단위와 같은 수준의 인구를 가진 지역에서 외국인이 다수의 아파트 건물을 구매할 경우, 아파트당 30% 이내와 총 아파트 건물의 30% 이내에서만 구매가 가능하다.

- 2,500개 이하의 단독주택 프로젝트가 1개, 외국인은 해당 프로젝트의 전체 개인주택 중 10% 이하만 구매 가능
- 2,500개 단독주택 프로젝트가 1개, 외국인은 250개 이하만 구매 가능
- 2,500개 이하의 단독주택 프로젝트가 2개 이상, 외국인은 각 프로젝트당 10% 이하 주택만 구매 가능

베트남 주택거래 시 한국에 신고

정부는 대한민국 국민이 해외 부동산을 취득 또는 매각하는 경우, 국내 신고를 원칙으로 하고 있다. 베트남 주택이나 아파트 구입, 매각 등의 거래 시 한국 정부당국에 신고해야 한다.

베트남 아파트를 구입할 경우, 국내 은행에서 '해외 부동산 취득신고'를 하고 구입대금을 송금할 수 있으며 구입했던 아파트를 매각하고 매각대금이 국내 은행에 회수된 경우에도 국내 해당 은행에 '해외 부동산 처분신고'를 하도록 되어 있다.

베트남 주택이나 아파트를 구입할 때는 현지 화폐인 동화(VNDong)로 계약하며 국내에서 송금할 때는 먼저 원화(KRW)가 달러($)로 환전된다. 달러가 베트남 동(VND)으로 다시 한 번 환전되는 셈이다. 계약 시 원/달러 환율과 달러/동화 환율 등을 참고해 진행하는 것이 좋다.

베트남 부동산 관련 세금 문제는?

베트남 부동산은 취득세가 따로 없다. 단, 부가가치세를 납부해야 하는데 건축물에 한정해 부가가치 세율은 약 10%로 산정된다. 특히 부가가치세의 경우, 분양대금에 이미 포함되어 나오므로 외국인이 아파트를 분양받을 때 모르고 지나치는 경우가 가끔 있다. 한국의 장기수선 충당금과 비슷한 장기 관리비도 분양대금 지급 시 2%를 납부한다.

부동산 매매 시 발생하는 양도소득세는 따로 없다. 부동산 매매에 따른 세금은 거래세 개념으로 양도가액의 2%를 지불하면 된다. 세액 공제가 가능하지만 베트남 내 부동산 처분도 한국 내에서 양도소득세 과세 대상임을 기억해야 한다. 한국의 기준대로 양도차액으로 과세하므로 위에서 본 베트남 내 매각 시 납부하는 양도가액의 2% 세금과 별도로 한국에서 양도소득세를 납부해야 한다. 베트남에서 처분에 따른 양도소득세가 발생했을 때 그 부분만큼 제외하고 한국에서 납부하면 된다.

예를 들어, 한국에서 양도소득세가 1억 원이라면 1,000만 원을 베트남에서 납부했다는 사실을 증명하면 나머지 9,000만 원을 납부하면 처리된다. 베트남 부동산 관련 세법 규정도 한국과 다른 점이 많으니 베트남 부동산 매입 시 부동산중개소나 브로커의 말만 믿으면 안 된다. 반드시 신뢰할 만한 사람들에게 자문을 구하는 것이 좋다.

베트남 부동산 투자, 하는 것이 현명한가?

베트남 부동산 투자자의 대부분은 시세차익을 노릴 것이다. 베트남 부동산에 투자할 때는 현지인의 관점에서 접근하는 것이 좋다. 베트남인들은 우리와 달리 북향을 선호하고 아파트 층수도 우리가 고층을 선호하는 것과 달리 중간층을 좋아한다.

한국인들은 교통 편의성을 고려하지만 베트남인들은 버스 환승지역보다 조용한 주거지역과 거주 쾌적성을 중시한다. 이처럼 베트남인들의 특징을 잘 분석해 투자하면 실패하지 않을 것이다.

부동산 투자에 '올인'은 금물

한국에 있는 전 재산을 베트남 부동산에 투자하려는 사람들이 종종 있다. 설상가상 베트남 부동산이 유망하다고 하니 대출까지 받아 무리하게 투자하려는 경우도 있다. 대부분의 사람들은 부동산을 안전자산으로 생각해 아파트에 투자할 생각을 많이 한다. 아파트를 매입해 이후 임대수익이 발생하면 그 돈으로 대출이자를 감당하려는 것이다.

하지만 기억해야 할 것이 있다. 부동산 임대수익을 기대하다가 '큰 코 다친다'는 사실이다. 특정 위치나 전망이 좋은 경우, 공실 없이 임대가 잘 되는지 알아보아야 한다. 그것이 아니라면 임대가 안 될 수도 있다.

아파트 매매를 할 때는 단기적 시각보다 장기적 시각에서 꿋꿋이 기다려야 한다. 단기 투자처가 아닌 만큼 중·장기적 전망을 보아야 한다. 베트남 부동산에 무리해 투자하면 자칫 자신의 생활 전체가 흔들릴 수 있다는 점도 잊으면 안 되겠다.

베트남에서 오래 살았던 부동산 전문가들도 오랜 경험과 지식을 바탕으로 투자하지만 부동산시장의 성패 가능성을 맞추기는 어렵다. 자칫 투자한 금액이 회복될 때까지 수십 년이 걸릴지도 모르니 매우 신중해야 한다. 투자와 도박을 잘 구별해야 하는 것이다.

투자 전, 확인 또 확인하는 습관

투자하려는 주택이나 아파트가 외국인이 소유권(핑크 북)을 적법하게 넘겨받을 수 있는 부동산인지 반드시 확인해야 한다. 위에서도 말했듯이 일반적으로 적법한 비자를 소지하고 있다면 분양 물건에 따라 분양사가 베트남 거주증까지 요구하는 경우도 있으니 분양 검토 시 주의해야 한다.

분양사가 거주증을 요구한다면 비자만으로는 어렵고 베트남 내 노동허가증 발급 후 거주증을 소지한 외국인이나 해당 외국인의 배우자로 동반가족거주증 소지자가 필요하다.

자의와 상관없이 회사 퇴직이나 이직 등 타의로 체류 신분이 바뀔 수도 있다. 또한 분양 계약 후 실제 입주 시점까지 상당 기간이 소요되는 베트남의 특성상 분양 당시 요구되는 체류 신분을 안정적으로 확보하는 것이 중요하다. 토지사용권증명서에 표기되는 여권 번호와 분양계약서의 여권번호 등의 일치 여부, 국적 변경 등도 실무상 사전에 문제가 없도록 점검해야 한다.

계약 당사자가 시행사의 공식 분양대행사나 중개사인지 확인하고 거래해야 한다. 베트남 내 아파트 분양은 도박으로 간주될 만큼 베트남인들은 실제 입주 시점은 물론 건물 완공 여부도 불투명한 것으로 인식한다. 베트남 사회 전체에 이러한 인식이 팽배해 있으므로 한국 내 아파트 분양 관점에서 베트남 부동산 투자에 접근하는 것은 금물이다.

부동산의 접근성과 가시성이 우수한지, 시공사가 견실하고 시공품질이 우수한지 등도 따져보고 모든 조건이 충족되었다고 판단될 때 투자 수순에 들어가야 한다.

5) 베트남 부동산 전망

베트남에 진출한 한국 기업들이 이구동성으로 하는 말이 있다. 베트남 부동산시장은 30년 전 한국과 같다는 것이다.

최근 부동산 개발회사와 금융사들이 베트남 부동산시장에 적극 투자하고 있다. 높은 경제성장률과 가속화되는 도시화 등 1970~1980년대 한국의 모습이 베트남에 그대로 재현되고 있다.

급격한 산업화로 인한 소득증가와 도시화로 하노이와 호치민 등 대도시에서는 주거, 오피스, 호텔, 쇼핑몰 등의 상업용 부동산 수요가 크게 늘고 있으며 다양한 전문가들은 1980년대의 한국처럼 부동산업의 고속성장이 계속될 것으로 전망하고 있다.

베트남 부동산시장은 외국인 투자유치 분야에서 제조업에 이어 2위로 매년 그 규모가 커지고 있다. 2018년 베트남 부동산시장은 약 66억 달러의 외자를 유치했는데 전년 대비 116.6% 증가한 수치다.

많은 부동산 전문가들은 베트남의 높은 경제성장률(2018년, 7.08%), 급속한 도시화, 건설 인프라 시장 확대, 외자 유입 증가 등에 힘입어 2021년에도 베트남 부동산시장이 성장할 것으로 전망한다. 또한 스마트 홈, 스마트도시, 그린빌딩 등 IT 신기술과 친환경 자재 사용이 베트남 건설시장과 부동산시장의 새로운 트렌드가 될 것으로 기대하는 눈치다.

M&A와 공유 오피스 시장은 국내·외 부동산 투자자들의 관심을 받고 있다. 2018년 상반기 M&A 거래 중 부동산 부문은 무려 66.75%를 차지했다. 올해도 많은 투자자들이 높은 인구밀도의 베트남 대도시와 신도시 지역 부동산 프로젝트에 큰 관심을 보일 것이다. 글로벌 부동산 투자회사 JLL Vietnam 관계자는 중·저가 아파트, 공유 오피스, IT 기술업체들의 오피스 임대 수요 증가가 2021년 베트남 부동산시장의 주요 키워드가 될 것으로 전망했다.

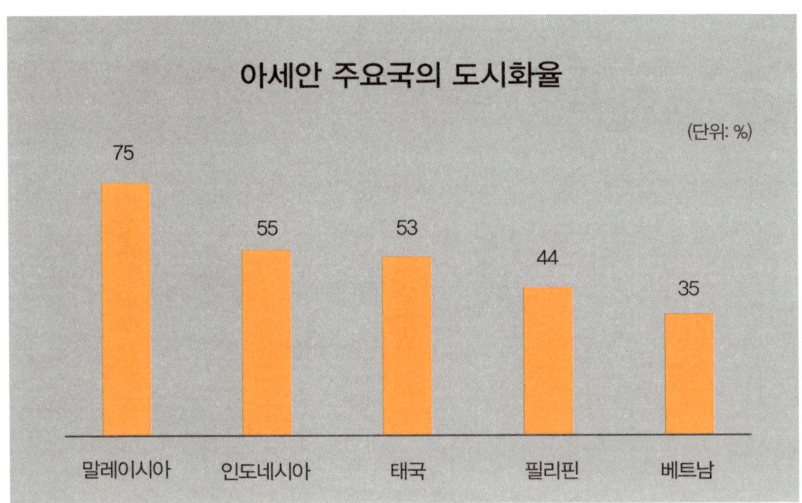

전 세계 투자자들도 베트남 부동산시장을 꾸준히 주목하고 있다. 향후 5~10년 동안 베트남 부동산 개발과 가치 상승은 계속될 것으로 보이지만 무분별한 투자는 자칫 독이 될 수도 있다는 점을 명심해야 한다.

책 한 권을 쓴다는 것이 이렇게 힘든 일인지 처음 느꼈다. 책을 쓰면서 나도 베트남에 대해 다시 한 번 이해하고 생각해보는 시간을 가질 수 있었다. 13년 동안 살아왔지만 내가 몰랐던 베트남의 또 다른 이면을 배울 수 있었다.

교육, 비자, 베트남 관련 법 등 책에서 언급한 내용들은 전문가들의 의견을 종합해 최대한 오류가 발생하지 않도록 노력했다. 이 책을 통해 많은 분들이 베트남에 대해 제대로 이해하고 받아들이는 시간이 되길 바란다. 이 책에서 전하고 싶은 메시지는 단 하나다. 한국에서의 고된 삶의 현실보다 베트남은 여전히 기회가 열려 있다는 것이다. 언제나 새로운 도전은 두렵고 긴장되지만 현실에 안주하는 순간 자신의 삶은 달라지지 않을 것이라는 점을 여러분 자신이 그 누구보다 잘 알고 있다고 믿는다.

이 책의 출간에 도움을 주신 모든 분들께 감사의 인사를 전한다. 한 명 한 명 실명을 말하고 싶지만 대신 이렇게 감사의 뜻을 전한다. 마지막으로 이미 베트남에 진출했거나 이민을 생각하는 분들에게 작으나마 도움이 되길 바란다.

참고내용

- 대전경제 뉴스 주 베트남 대한민국 대사관주 호치민 대한민국 총영사관
- 한국경제tv
- 베트남 교민잡지 신짜오베트남
- 베트남 한인 커뮤니티 알파비엣
- 다문화가족지원포털 다누리
- 베트남 전문뉴스 vina
- 배한타임즈
- iVSA
- 대한민국 교육부
- 교육통계서비스
- 호치민시한국국제학교
- 아시아경제뉴스
- 나무위키
- 한국민족문화대박과사전
- 매일경제뉴스
- 베트남커뮤니티
- 베트남가이드
- 굿모닝베트남
- 뉴스핌
- 동아일보
- 시사저널
- 한국외식신문
- 라이프플라자
- 한국경제
- 이코노믹리뷰
- 투모로우베트남
- 굿모닝베트남미디어
- 코트라
- 위키백과